I0782635

Privatheit ist die Zitadelle persönlicher Freiheit. Sie schützt vor Macht in Staat und Gesellschaft. Indem sich das Individuum fremder Übergriffe erwehrt, behauptet es sich selbst. Privatheit umfaßt alle Aspekte der menschlichen Existenz: Körper und Geist, Raum, Information und Eigentum, Glauben, Denken, Handeln. Privatheit sichert jedem die Chance, unbehelligt zu bleiben, sich in der Öffentlichkeit unerkannt zu bewegen und sein eigenes Wohl zu erstreben, und zwar auf die ihm eigene Weise.

Wolfgang Sofsky, 1952 in Kaiserslautern geboren. 1993 Geschwister-Scholl-Preis, 2015 Holbach-Preis. Weitere Werke: Die Ordnung des Terrors (1993), Traktat über die Gewalt (1996), Einzelgänger. Erzählungen (2013), Weisenfels. Roman (2014), Todesarten. Bilder der Gewalt (2015), Prinzip Sicherheit (2016), Lautlos. Kurze Geschichten (2017), Denkbilder (2017), Koalitionen (2017). Seine Bücher wurden in über zehn Sprachen übersetzt.

Wolfgang Sofsky

Privatheit

Eine frühere, kürzere Ausgabe erschien 2007 bei C.H.Beck, München.

Übersetzungen:
2008 Princeton UP, Princeton/Oxford
2009 Pre-Textos, Valencia
2010 Einaudi, Turin
2011 L´Herne, Paris

Die Deutsche Nationalbibliothek verzeichnet diese Publikation in der Deutschen Nationalbibliographie; detaillierte Daten sind über www.dnb.de abrufbar
Erste Auflage 2018
© 2018 Wolfgang Sofsky
Published by the Author: Wolfgang Sofsky, Bovenden
Verlag: CreateSpace Independent Publishing Platform, London, Leipzig, Wroclaw
Printed by Amazon Leipzig/Wroclaw
ISBN-13: 978-1986313766
ISBN-10:198631376X

Das Kriterium für Unterdrückung ist die Rolle, die meiner Ansicht nach andere Menschen direkt oder indirekt, absichtlich oder unabsichtlich bei der Vereitelung meiner Wünsche spielen. Freisein in diesem Sinne bedeutet für mich, daß ich von anderen nicht behelligt oder gestört werde. Je größer der Bereich der Ungestörtheit, desto größer meine Freiheit... Der Wunsch, unbehelligt zu bleiben, in Ruhe gelassen zu werden, war sowohl bei Individuen als auch bei ganzen Gesellschaften immer ein Anzeichen hoher Kultur. Der Sinn für Privatsphäre, dafür, daß der Bezirk der persönlichen Beziehungen unantastbar sein sollte, erwächst aus einer Freiheitsauffassung, die trotz ihrer religiösen Wurzeln in entwickelter Form kaum weiter zurückreicht als bis in die Renaissance oder die Reformationszeit. Ihr Niedergang wäre jedoch ein Anzeichen für den Tod einer ganzen Zivilisation und ihrer Ethik.

Isaiah Berlin (1958)

Inhalt

1. Ein Tag im Leben der Familie B.

Bevor Familie B. morgens das Haus verließ, war sie bereits mehrfach aufgefallen. Kurz nach 6.00 war Anton B. erwacht und hatte Radio und Lampe angestellt. Sofort verzeichnete der neue Stromzähler den erhöhten Energieverbrauch. An der Lastkurve konnte die Zentrale ablesen, wann die Familie aufstand, duschte und Kaffee kochte. Noch vor dem Frühstück hatte Anton bei seinem Bruder angerufen und sich nach der Mutter erkundigt, die letzthin ins Krankenhaus eingewiesen worden war. Das Gespräch hatte der Rechner der Telefongesellschaft gespeichert.

Auf dem Tisch standen neben Kaffee, Milch und Saftflasche auch einige Dosen und Tüten. Auf den Gläsern mit Marmelade und Schokocreme waren dunkelrote Kreise mit Totenköpfen aufgeklebt. Sie warnten vor den hohen Zuckerwerten. Auf dem Butterpapier wies ein dunkelvioletter Aufkleber auf die todesgefährliche Fettdosis hin, und auf der Müslipackung, der Leibspeise des jungen Christoph, prangte ein orangerotes Dreieck. Brigitte, die Ehefrau von Anton und Mutter von Christoph, nahm sich vor, am Abend endlich alle Beutel, Dosen und Tüten in neutrale Behältnisse umzufüllen, damit sie nicht jeden Morgen daran erinnert würde, daß sich ihre Familie selbst vergiftete.

Vor dem Aufbruch hatte Brigitte noch Zeit, die elektronische Post zu lesen. Sie wußte, daß alle Mitteilungen auf dem Smartphone oder PC unverschlüsselt wie Postkarten bei den Providern herumlagen und von jedem Interessenten eingesehen werden konnten. Aber ihr war nicht bekannt, daß sämtliche Nachrichten die Rechner mehrerer Firmen durchlaufen hatten und die Kopien für einige Monate aufbewahrt wurden. Wer hatte mitgelesen, als sie ihrer Freundin von Christophs fiebrigem Katarrh berichtet hatte? Wer wußte, was die beiden Frauen über

Männer dachten oder welche Schuhe sie vorgestern zusammen gekauft hatten? Brigitte schätzte die Technik der leichten Kommunikation. Jeder Gedanke könne, so dachte sie, sofort übermittelt und müsse nicht fehlerfrei formuliert werden. Der Gewinn an Sorglosigkeit ließ sie den Verlust an Intimität verschmerzen. An unerbetene Mitwisser wollte sie nicht erinnert werden. Müßte sie an die fremden Augen und Ohren denken, es würde ihr die Sprache verschlagen.

Anton war weniger unbekümmert. Er verließ als erster die Wohnung. Beim ersten Schritt auf den Korridor blickte ihn allmorgendlich die Kamera an. Sie nahm jeden wahr, der vor seine Wohnung trat und zu ihr hinaufsah. Während er zum Fahrstuhl eilte, begab sich der Hausmeister, der alles im Auge behielt, im Erdgeschoß zur Drehtür. Die eine Hand im Rücken, mit der anderen am oberen Knopf seines grauen Rocks nestelnd, nickte er Anton freundlich zu. Bevor er für den nächsten Rundgang seine Hose hochzog, trug er auf dem Protokollbogen rasch noch die Uhrzeit ein, zu der Anton das Gebäude verlassen hatte.

Auf der Fahrt zur Bahnstation zwei Ortschaften weiter bemerkte Anton, daß sich der Zeiger der Tankuhr bedenklich der roten Marke näherte. Über einer Kreuzung schien in der Nacht ein neues Gerät aufgehängt worden zu sein. Die Standkameras an der Tankstelle waren vermutlich noch die alten. Sie zeigten dem Kassierer auf drei kleinen Bildschirmen abfahrende Autos, Zapfsäulen, gelangweilte Beifahrer, die sich die Nase putzten, oder Kunden mit Wasserflaschen und Chipstüten mit dunkelroten Aufklebern. Die Tankrechnung zahlte Anton wie üblich mit der Kreditkarte, damit er jederzeit nachweisen konnte, wann er wo gewesen war. Auf dem Beleg war außer dem Benzin auch der Preis für eine Zeitung und eine Tüte Lakritzkonfekt notiert, Wegzehrung für den langen Pendlerweg.

Unterwegs hörte Anton in den Radionachrichten, daß ein Staatsanwalt öffentlich gefordert hatte, eine blasphemische Satire zu verbieten. Vertreter diverser Kirchen, Sekten, Gemeinden, Vereine und Verbände hatten sich unisono beschwert und prompte Maßnahmen gefordert, da sonst die öffentliche Ordnung nicht mehr zu garantieren sei. Sprecher der Parteien hatten sich der Mahnung eilfertig gebeugt und gleichfalls rasche Maßnahmen gefordert. Die Redaktion des fraglichen Magazins war seit gestern verwaist, die gottlosen Redakteure waren vorsorglich untergetaucht.

An den Ampeln waren die alten Radarfallen mehrfach demoliert worden. Die modernen, schwenkbaren Filmkameras hatte man daher etwas höher angebracht und mit einer Alarmanlage versehen. Die Bilder wurden rund um die Uhr in der Verkehrsaufsichtsbehörde erfaßt; alle Kennzeichen wurden abgefilmt und mit der Fahndungsdatei gestohlener Wagen verglichen.

Auch die kleine Bahnstation war, obwohl das Aufkommen der Passagiere insgesamt vollkommen bedeutungslos war, mit drei Kameras gesichert. In der Zentrale sah man tagtäglich zu festgesetzter Stunde einen kleinen Pulk von Pendlern, die von hier in die Stadt fuhren, sowie ein paar herumalbernde Jugendliche mit Getränkedosen. Ob sie Saft, Bier oder Schnaps enthielten war nicht auszumachen. Schon vor Jahren hatte man den Alkoholkonsum in der Öffentlichkeit verboten; zuletzt war im Namen der Volksgesundheit jeglicher Verkauf von Alkohol untersagt worden.

Während der Bahnfahrt blätterte Anton auf seinem Smartphone nach neuesten Nachrichten, prüfte Post und Terminkalender, sandte seiner Sekretärin eine SMS und suchte nach Hinweisen für die Schmerzen in der linken Brust, die ihn seit gestern abend beunruhigten. Wer seine digitalen Kontakte verfolgte, wußte er nicht. Sein Anruf beim Arzt wegen eines Termins wurde mit Sicherheit registriert, ebenso der kurze Blick in sein Bankkonto, das, wie er zu seiner Beruhigung feststellte, nur den monatlichen Steuerabzug aufwies. Neuerdings waren die Behörden dazu übergegangen, von sämtlichen Einnahmen oberhalb des Mindesteinkommens sofort vierzig Prozent zu konfiszieren, um die öffentlichen Schulden zu begleichen. Diese Zwangssteuern hatten anfangs einigen Protest ausgelöst, mittlerweile hatten sich die Untertanen zähneknirschend daran gewöhnt.

Am unterirdischen Zentralbahnhof stieg Anton aus und stellte sich in die lange Warteschlange vor eine der sechzehn Schleusen. Jeder Reisende, der ins Tageslicht zurückkehren und die inneren Bezirke der Stadt betreten wollte, hatte eine solche Schleuse zu passieren. Wachleute in blauschwarzen Uniformen überprüften Koffer, Rucksäcke und Handtaschen, manchmal flüchtig, manchmal mit penibler Genauigkeit. Die Kameras, die jeden Winkel einsahen, entstammten der jüngsten Generation. Sie verfügten über Mikrophone und Erkennungsfilter, die bei auffälligen Bewegungen und Gesichtern sofort Alarm auslösten. Nach den Vorfällen der letzten Zeit hatte die Bahngesellschaft eilends die neuen Geräte installieren lassen. Auch das geübteste Auge sei, so lautete seinerzeit die amtliche Verlautbarung, außerstande, tausende Passanten gleichzeitig zu überwachen. Der automatische Abgleich der Bilder mit der Foto- und Videodatenbank dagegen benötige nur eine Millisekunde. Anhand von Augenbrauen, Augenabstand, Nasenspitze und weiteren unzähligen Bildpunkten sei ein verdächtiges Subjekt aus allen Blickrichtungen sofort zu erkennen. Weder Brille noch Bart oder Perücke könnten die Identifizierung verhindern. Anton hatte von all dem in der Zeitung gelesen. Dennoch wunderte er sich über ein paar uniformierte Wächter, die nicht, wie früher, durch die Halle schlenderten, sondern sich auffällig abseits hielten. Aus dem Augenwinkel sah er, wie am Ende eines Bahnsteigs vier Wächter einen jungen Mann umringten. Sie drängten ihn gegen ein Geländer und durchsuchten ihn. Die Passanten gingen ruhig weiter, einige wandten den Kopf zur Seite, andere taten so, als bemerkten sie nichts. Man soll sich nicht einmischen, hatte es geheißen, alles gehe mit rechten Dingen zu, wer nichts zu verbergen habe, der müsse auch nichts befürchten. Die kleinen Verhaftungen seien von der Obrigkeit angeordnet, um die Sicherheit aller zu gewährleisten.

Die lästigen Durchsuchungen nahmen die Menschen in Kauf, seit man neben der Benzinsteuer auch die Park- und Mautgebühren für die Innenstädte derart erhöht hatte, daß kaum jemand mehr mit dem Wagen in die Stadt fuhr. Die auto- und staubfreie Stadt war das Leitbild aller politischen Parteien; das Rauchen auf öffentlichen Plätzen war schon seit langem verboten. Wer bei einer Leibesvisitation Tabakwaren mit sich führte, mußte Name und Adresse hinterlassen. Anton ertappte sich manchmal bei dem Gedanken, irgendwohin auszuwandern, wo man noch freier atmen konnte.

Brigitte blieb die tägliche Fahrt in die Stadt erspart. Sie unterrichtete in einer Schule, die zu Fuß zu erreichen war. Zuvor lieferte sie Christoph noch im Kindergarten ab. Er solle heute besonders aufmerksam sein, gab sie ihm auf den Weg. Abends füllten die Erzieherinnen nämlich die vierteljährlichen Entwicklungsbögen aus. Schon vom zweiten Lebensjahr an wurde genau festgehalten, ob ein Kind beim Essen trödelte, ob es sich beim Spielen unterordnete, ob es Schleifen binden konnte, ob es lispelte, brav seine Englischlektion lernte oder lieber sinnlos in der Hüpfburg herumtollte. Jeder Fortschritt wurde notiert, jede Verzögerung moniert, jede Auffälligkeit dokumentiert. Brigitte war stolz auf die Leistungen ihres Sprößlings. Die Schulpflicht hatte für Christoph begonnen, kaum daß er die Wiege verlassen hatte. Als überzeugte Pädagogin hatte sie ihren Sohn frühzeitig in eine Krippe und anschließend in einen Kindergarten eingewiesen, in denen er den ganzen Tag unter Belehrung stand. Im Lehrerkollegium hatte ein älterer Kollege kürzlich gespottet, mit den ungehörigen, zwecklosen Spielen der Freiheit sei es heute schon im Babyalter vorbei. Der Ungeist einer Nation zeige sich zuerst im Leben ihrer Nachkommen. Eine Gesellschaft der Greise dürfe sich unter den Nachkommen keinen Ausfall leisten. Schließlich seien die Jungen für die Alten da und nicht umgekehrt.

Der Junge rannte, kaum daß er den Armen der Mutter entronnen war, sofort freudestrahlend in das große Pausenzimmer, wo an der Decke der schwenkbare Kopf eines Clowns hing, dessen linkes Glasauge starr und schwarz in den Raum lugte. Wollten Vater oder Mutter das Treiben ihres Sohnes einmal vom Schreibtisch aus beobachten, brauchten sie nur im Büro ihren Computer zuzuschalten.

Am Eingang von Brigittes Schule standen zwei Wachleute, die jede Tasche, jeden Rucksack und jeden Ranzen inspizierten. Da vor zwölf Jahren irgendwo eine Lehrkraft erschossen worden war, hatte die Zentrale neben Kameras, Alarmsystemen auch zwei Beamte abgestellt. Die Schuluniform mit zugenähten Taschen erleichterte die Suche nach Schlagringen, Zigaretten oder Alkohol ungemein.

In sein Büro gelangte Anton mittels einer Chipkarte, welche die Ankunftszeit auf dem Zeitkonto verbuchte. Der Portier winkte ihm von Ferne freundlich zu; die Kameras in Flur und Fahrstuhl übermittelten dem Werkschutz, wer sich gerade im Gebäude aufhielt. Am Arbeitsplatz schaltete er seinen Computer ein, um nach der Geschäftspost zu sehen. Der Keylogger zwischen Rechner und Tastatur protokollierte jeden Tastenbefehl. Der Betriebsrat hatte die Installation des Geräts an allen Firmencomputern gefordert, damit alle gleich behandelt würden und absolute Transparenz garantiert sei. Obwohl Anton in der Firma eine höhere Vertrauensstellung bekleidete, war auch bei ihm ein Keylogger installiert. Die Angestellten durften das Internet zwar zu eigenen Zwecken nutzen, mußten dafür aber in Kauf nehmen, daß alle Eingaben aufgezeichnet wurden. Die meisten verzichteten daher freiwillig auf private Korrespondenzen über den Firmenrechner. Viele hatten noch ein Smartphone dabei, das von anderer Stelle überwacht wurde. Der unscheinbare Apparat an der Tastatur wies jeden darauf hin, daß er seine Geheimnisse tunlichst für sich behalten solle.

Im Kindergarten verspürte der junge Christoph trotz mütterlicher Ermahnung keinerlei Neigung zur Botmäßigkeit. Er ging keinem Streit aus dem Wege, ja, es war, als suchte er heute mutwillig nach einer Rauferei. Die Beschwichtigungen der Erzieherinnen gingen ihm auf die Nerven, er wollte seine Kräfte messen und den anderen Knaben beweisen, daß er kein Muttersöhnchen sei. Zuerst erprobte er die Lautstärke seiner Stimme, dann die Kraft seiner Ellbogen, schließlich die Wucht seiner Fäuste. Die Aufseherinnen waren entsetzt und notierten diesen unverhofften Energieausbruch sofort in den Akten. Dies sollte Christoph abends ein lautstarkes Verhör durch seine Mutter einbringen.

Auch in Brigittes Schule herrschte eine Atmosphäre toleranter Unfreiheit. Es lag nicht allein am dichten Lehrplan, an den Vorschriften oder der Unterrichtsdisziplin, daß die Schule für die Bewegungen der Sinne und des Geistes kaum Raum gab. Das Kollegium war stolz auf die Attitüde pädagogischer Korrektheit. Man förderte gezielt einige Benachteiligte, aber niemals die Begabteren. Experimente scheute man, Verrücktheiten unterdrückte man. Kein Schüler sollte herausragen, keiner zu schnell, zu laut, unberechenbar, eigensinnig, originell oder auch nur neugierig sein. Wie ein Mehltau lastete das Klima betulicher Gleichförmigkeit auf dem Schulbetrieb, eine Haltung, die jede Eigenheit sofort im Keim erstickte.

Kurz vor Mittag erhielt Anton einen Anruf. Sein Steuerberater berichtete, die Finanzbehörde habe eine Stellungnahme zu einer Auslandsüberweisung erbeten. Er war sich keiner Unregelmäßigkeit bewußt. Außer einigen Ordnungsstrafen für falsches Parken oder überhöhte Geschwindigkeit war er nie mit der Obrigkeit in Kontakt geraten. Vor einem Jahr hatte er allerdings das Urlaubshotel mit der Kreditkarte bezahlt. Die Nachfrage ließ vermuten, daß das Steueramt sämtliche Kontobewegungen kannte. Offenbar hatte ein Beamter Einblick in seine Geschäfte genommen, ohne ihn davon zu benachrichtigen. Anton fühlte, wie undeutliche Verärgerung in ihm aufstieg.

Gegen 13.00 Uhr erkundigte er sich nochmals bei seinem Bruder über den Zustand der Mutter. Es gab keine Neuigkeiten. So blieb das Gespräch kurz. Privatgespräche über den Geschäftsapparat hatte die Firma zwar ausdrücklich gestattet. Für die Monatsrechnung wurden allerdings Vorwahl und Teilnehmernummern registriert. Die dünnen Wände des Büros verhinderten ohnehin allzu vertrauliche und langatmige Mitteilungen. Anton hatte sich schon seit längerem abgewöhnt, Namen am Telephon zu nennen. Aber es gehörte nicht viel Scharfsinn dazu, aus charakteristischen, aber unvermeidlichen Wendungen das Thema jedes Gesprächs zu erraten.

Anton öffnete das Fenster und schaute auf den großen Platz. Früher hatte dort einmal reger Verkehr geherrscht. Mittlerweile drohte das Leben in Stille zu ersticken. Er konnte das Fenster öffnen, ohne vom Rauschen der Stadt gestört zu werden. Aus einem Lautsprecher erklang nur leise Musik. Hin und wieder war ein seltsames Sirren zu hören. Es stammte von einer künstlichen Mücke, welche Seitenwege und Nebenstraßen nach verdächtigen Geräuschen absuchte.

Auf einmal versammelten sich jedoch kleinere Gruppen von Bürgern auf dem Platz, einzelne hielten eilig beschriebene Transparente hoch, andere standen unschlüssig herum und warteten. Man hatte sich eingefunden, um seine Unterstützung für die gottlosen Redakteure zu bekunden. Ein Redner wagte zunächst nicht aufzutreten. Dann aber schleppten drei Leute einen Tisch herbei, einer sprang hinauf, hielt sich ein altes Megaphon vor den Mund und redete. Es waren Töne, die man schon lange nicht mehr vernommen hatte. Der Mann, er mochte wohl knapp fünfzig Jahre alt sein und trug einen schwarzen Hut, erinnerte an die Errungenschaften der Meinungsfreiheit. Er forderte die Freiheit von jeder Religion. Unglaubwürdige Ideen dürften jederzeit dem öffentlichen Gelächter preisgeben werden. Die Zerstörung der Freiheit, so verkündete er unter dem Beifall der Menge, beginne im Kopf. Feigheit und Selbstzensur ruinierten das Menschenrecht. Der Protest war nicht angemeldet; nach zwanzig Minuten lösten Ordnungskräfte die Versammlung auf, der Redner wurde abgeführt.

Brigitte bekam in ihrer Schule von all dem nicht mit. Die Stadt war fern. Der Vorfall wurde in den Nachrichten totgeschwiegen. Als sie die Unterrichtsstunden und die Nachmittagsaufsicht beendet hatte, holte sie ihren Sohn vom Kindergarten ab, nahm die Beurteilungsbögen in Empfang und erledigte im Supermarkt den Einkauf.

Kurz hinter dem Eingang stand ein unauffälliges Gerät von der Größe eines Kühlschranks. Mit dem Backscatter wurde jeder Kunde durchleuchtet. Auf dem Bildschirm war nicht nur zu sehen, was einer unter der Kleidung oder Unterwäsche verbarg. Seine nackte Gestalt war präzise erkennbar. Obwohl Brigitte regelmäßig auf dem Heimweg für die Familie einkaufte und jeden Ladenwinkel kannte, strich sie heute etwas ratlos die Regale entlang. An der Kasse zögerte sie kurz, die Rabattkarte vorzulegen. Die Gutschrift kam ihr teuer zu stehen. Bei jedem Einkauf registrierte die Firma, welche Vorlieben sie zeigte, ob sie ein neues Produkt erprobte und welches Budget sie für Lebensmittel aufzuwenden pflegte. Auch ihre Vorliebe für fette und süße Giftstoffe blieben der Firma nicht verborgen.

Zuhause studierte sie in froher Erwartung Christophs Zeugnis. Enttäuscht runzelte sie die Stirn, als sie die Bemerkungen über sein robustes Verhalten las. So kannte sie ihren Filius überhaupt nicht, hatte sie ihn nicht stets zu absoluter Friedfertigkeit angehalten? Streng stellte sie ihn zu Rede. Es dauerte eine viertel Stunde, bis er gestand und mit hochgezogenen Schultern in seinem Zimmer verschwand, wo er so lange zu bleiben hatte, bis man ihn rufen würde. Der kurze Arrest sollte ihm eine Lehre sein.

Am späten Nachmittag nahm Anton sich eine Stunde früher frei, um den Arzt aufzusuchen. Er kannte den Mediziner nicht, aber jener wußte aufgrund der Gesundheitskarte sofort alle Diagnosen, Behandlungen und Medikamente, die Anton jemals eingenommen hatte. Er hörte den Brustkorb kurz ab, maß Puls und Blutdruck und ließ zur Sicherheit ein EKG anlegen. Die Schmerzen auf der linken Seite könnten von den Rippen und von Verspannungen im Rücken herrühren, beruhigte er seinen Patienten, etwas mehr Bewegung und weniger Streß wären wohl nützlich. Anton war erleichtert und bedankte sich, er haßte Bewegung, seit allerorten gepredigt wurde, sich einen Schrittzähler anzuschaffen und täglich nicht unter 9500 Schritte hinter sich zu bringen. Wenn es nicht besser würde, so der Arzt, könne er ihn auch zu einem Herzspezialisten überweisen, obwohl der Facharzt vermutlich auch nichts finden werde, man aber heutzutage alles genauestens untersuchen müsse, auch wenn nirgendwo etwas zu finden sei.

Als Anton das Wohnhaus betrat, hatte gerade die Schicht gewechselt. Der neue Hausmeister grinste freundlich und trug den Ankömmling vorschriftsgemäß ins Protokoll ein. Nur kurz ließ er seinen Blick über die Bildschirme schweifen, um sich dann wieder dem Kreuzworträtsel zu widmen. Anton hielt kurz inne. Es war ihm fast unmöglich, den Fahrstuhl zu betreten, denn es war ihm auf einmal, als habe er eine Stimme gehört, welche ihn zum Warten aufforderte. Erst als die Wohnungstür ins Schloß gefallen war, fühlte er sich unbeobachtet.

Brigitte begrüßte ihn beiläufig. Die Post lag auf dem Tisch, darunter drei Einladungen. Die erste stammte von einer Glückslotterie, die zweite von einem Autohaus, das eine Probefahrt anbot, die dritte von einer Bank, die den Erwerb einer Nullzins-Anleihe empfahl. Obgleich er niemals Miene gemacht hatte, derlei Empfehlungen Folge zu leisten, lud ihn diese Bank mit hartnäckiger Freundlichkeit regelmäßig zu diversen Transaktionen ein, als mache ihn gerade seine Zurückhaltung zu ihrem Lieblingskunden. Dabei wußte er noch nicht einmal, was das Wort „Anleihe“ ohne jede Verzinsung genau zu bedeuten hatte. Sollte er sich etwas leihen, oder wollte jemand von ihm etwas borgen? Die unerbetenen Einladungen hatten sich in den letzten Monaten vervielfacht. Jeden Tag war der Postkasten mit dringlichen Ratschlägen gefüllt. Offenbar wollten alle nur sein Glück, obwohl er niemandem seine heimlichen Wünsche verraten hatte. Auch von vielen Freunden in den sozialen Netzwerken hatte er sich verabschiedet, nachdem ihm aufgegangen war, daß Unbekannte keine Freunde sind. Aber es kam ihm so vor, als klebte etwas wie Pech an seinen Fersen und als wachse jeden Tag das heimliche Archiv weiter an, in dem alles verzeichnet ist, was jemals über ihn und seine Familie bekannt geworden ist.

Nach dem Abendessen startete Brigitte ihr Notebook und begab sich ins Internet. Sofort zog sie erneut die Aufmerksamkeit auf sich. Der Provider, der ihr den Zugang ermöglichte, verzeichnete ihre Aktivitäten. Die Betreiber der Webseiten, die sie besuchte, registrierten ihre Daten. In einer Newsgroup hatte sie ihre Mailadresse hinterlassen, und das virtuelle Auktionshaus, bei dem sie ihre Sammlung von historischen Spiegeln zu komplettieren pflegte, hatte in den letzten Monaten jede ihrer Transaktionen notiert und für alle Interessenten sichtbar aufgezeichnet. Alle zehn Minuten wurde sie auf dem Bildschirm von einer Warntafel aufgefordert, sie möge umgehend die Virendatei aktualisieren. Unbekannte Trojaner belauerten ihren Rechner immerzu. Brigitte bestellte zwei Bücher bei einer Buchhandlung, bei der sie die Nummer ihrer Kreditkarte hinterlegt hatte. Bei drei Versandshops prüfte sie die Preislisten für Digitalkameras. Der elektronische Postkasten enthielt mehrere Werbesendungen von Firmen, die ihr nicht einmal vom Namen her bekannt waren.

Danach, Christoph war schon im Bett, saßen die Eheleute noch eine halbe Stunde beisammen und sprachen über dieses und jenes. Auch der Vorfall im Kindergarten wurde kurz erörtert. Brigitte plädierte für verständnisvolle Aufsicht, Anton, der sich an ähnliche Raufereien in seiner Kindheit erinnerte, nickte beifällig und gab schweigend seinem Sprößling recht. Dann stellten sie den Fernseher an, ohne zu bemerken, wie sie bei der Beobachtung des Bildschirms beobachtet wurden. Kurz vor dem Einschlafen überdachte Anton B. für einen Moment die Ereignisse des Tages. Eine kurze Übelkeit stieg in ihm auf, als er zu ahnen begann, daß er keine Minute allein gewesen war.

2. Spuren

Daß sie lückenlos beobachtet werden, wird von den meisten Zeitgenossen kaum zur Kenntnis genommen. Sie bewegen sich in der Welt, als hinterließen sie keine Spuren. Doch die Fährtensammler sind überall. Technik und Betrieb der alltäglichen Spionage geschehen weithin unbemerkt. Längst haben sich die Menschen an die Kameras, Datenbanken, Rabattkarten oder Werbebriefe gewöhnt. Manches erscheint lästig, anderes unvermeidlich, vieles ist unsichtbar oder unbekannt. Kameras versprechen Sicherheit, Erfassungsdienste bieten Bequemlichkeit. Trotz gelegentlichen Mißmuts schätzt der gläserne Bürger die Erleichterungen des digitalen Zeitalters. Bedenkenlos verzichtet er darauf, unbeobachtet, anonym, unzugänglich zu sein. Für den Verlust der Freiheit fehlt ihm der Sinn. Er ahnt nicht einmal, daß es etwas zu verteidigen gilt. Zu wenig liegt ihm an seiner Privatsphäre, als daß er sie auf Kosten anderer Vorteile schützen wollte. Privatheit ist ohnehin kein politisches Programm, das Wählerstimmen einbringen könnte. Der Schutz des Geheimnisses ist keine Aufgabe, die in Gesellschaften mit penetranter Öffentlichkeit, stetiger Alarmiertheit und Transparenzmoralismus Zustimmung finden könnte. Das Bedürfnis, in Ruhe gelassen zu werden, ist kaum verbreitet. Zutiefst widerspricht es einem Zeitgeist, der alles und jedes zum Politikum erklärt und Bekanntheit höher schätzt als Privatheit. Aber aus der Tatsache, daß der Protest ausbleibt und die Verteidigung dürftig ausfällt, folgt keineswegs, daß die Gefahr gering wäre.

Das Archiv

Die Menschen hinterlassen mehr Spuren, als sie ahnen. Niemandem ist es mehr vergönnt, sich lautlos der Gesellschaft zu

entziehen und auf Dauer unbehelligt zu bleiben. So breit ist die
Fährte, daß findige Ermittler im Nu kombiniert haben, wo sich
jemand aufgehalten und mit wem er geredet hat. Unmöglich
kann der einzelne heimlich die Masken wechseln und ein anderer werden als er ist. Er vermag sich weder zu verwandeln noch
zeitweilig zu verschwinden. Sein Körper wird regelmäßig durchleuchtet, sein Lebensweg registriert, sein Lebenswandel dokumentiert. Und je länger die Daten gespeichert bleiben, desto
geringer die Chancen des Vergessens. Täglich wächst das ar-
chivierte Wissen an. Im Zweifelsfall kann fast jedes vergangene
Ereignis rekonstruiert werden. Nichts wird übersehen, ignoriert, nachgesehen, vergeben, vergessen. So geraten Individuen
und Gesellschaften in einen Zustand überdrehter Wachsamkeit.
Eine Gesellschaft, die zu viel weiß, erstarrt in Vigilanz und
schlafloser Handlungsunfähigkeit, bis die Löschtaste betätigt,
die Daten vernichtet, die Archive zerstört, die Akten geschred-
dert, die Dokumente verbrannt werden.

Bis dahin sind die Menschen dazu verurteilt, sich ganz auf sich
selbst zu verlassen und die Folgen ihres Tuns, die Öffentlichkeit ihrer Existenz im Auge zu behalten, eine ebenso lästige wie
unmögliche Aufgabe. Jede Spur müßten sie bedenken, jede
Handlungsfolge vorzeitig berechnen, um die Informationen
einzuschränken. Die Chancen der Kontrolle sind gering, die
„informationelle Selbstbestimmung" ist nichts als ein Mythos.
Wenn jede Fahrlässigkeit, jeder Fehler, jede Flüchtigkeit registriert wird, ist es mit der Spontaneität des Handelns dahin.
Alles Tun wird geprüft und beurteilt. Nichts entgeht der Aufmerksamkeit. Die Vergangenheit erstickt die Gegenwart, und in
die Zukunft wagt sich ohnehin niemand, weil keiner für alle
seine Vorlieben, Unachtsamkeiten und Unzuverlässigkeiten die
Verantwortung übernehmen kann. Würden nicht in regelmäßi-
gen Abständen einige Daten gelöscht und Spuren verwischt, die
Menschen wären gefangen im Kerker ihrer Geschichte.

Im Tumult der Zeichen

Diese Aussichten scheinen jedoch kaum jemanden zu erschrekken. In den westlichen Gesellschaften der Gegenwart herrscht, so sagt man, das Gesetz des Wechsels, der Vergänglichkeit. Moden kommen und gehen, Bekanntschaften wechseln, Gedanken sind schon verschwunden, bevor sie sich überhaupt festsetzen konnten. Überall wird man unfreiwillig Zeuge nichtiger Gespräche. Umfang, Lautstärke und Tempo der Kommunikation sind explodiert. Kein Teleschirm wäre imstande, trotz Filterprogramme in dem Chaos der Geräusche und Bilder zuverlässig alle verdächtigen Spuren zu sichern. Nicht dem privaten Geheimnis, der öffentlichen Inszenierung seiner selbst gilt die erste Sorge. Wer nicht gesehen wird, existiert nicht, lautet das Gesetz der Mediengesellschaft. Nicht die Beobachtung fürchtet man, sondern die Nichtbeachtung. Immerzu scheinen die Zeitgenossen damit beschäftigt, sich auf Bildern festzuhalten. An jeder Straßenecke ein Schnappschuß, damit auch alle Freunde mitbekommen, wo man sich gerade aufhält und wie wenig man sich in den letzten drei Minuten verändert hat. Weshalb soll man sich an der Kamera in der Einkaufspassage stören, wenn man selbst von Schnappschuß zu Schnappschuß eilt und sich vor jeder neuen Kulisse sofort in Positur setzt?

Um im Tumult der Zeichen überhaupt noch Aufmerksamkeit zu erregen und eine Spur im sozialen Gedächtnis zu hinterlassen, greifen manche Zeitgenossen zu bizarren Mitteln. Sämtliche Register ziehen sie; ihre Reize sind schrill und hysterisch, ihre Meinungen abstrus und idiotisch, ihr Erscheinungsbild kurios und überspannt. Um jeden Preis wollen Menschen auf den Bildschirmen der Nation auftauchen, um den Zuschauern die Banalitäten ihrer Existenz vor Augen zu führen. Sind die Scheinwerfer abgestellt, verschwinden sie sang- und klanglos in der Menge. Ihr Leben gleicht einer Flucht vor dem drohenden sozialen Tod. Wer einmal eine Stunde nicht erreichbar, sichtbar, kontaktierbar ist, glaubt er, er existiere gar nicht mehr.

Die vulgäre Sucht nach kurzfristiger Prominenz beschleunigt die Zerstörung des Privaten. Die Ökonomie der Aufmerksamkeit macht blind für die politische Gefahr. Der Sehnsucht nach persönlicher Bedeutung ist der Sinn für das Private längst abhanden gekommen. Zu falscher Entwarnung besteht daher kein Anlaß. Schlimmer noch: Bedarf es überhaupt der Apparaturen zur Durchleuchtung, wenn sich die Menschen freiwillig selbst entblößen? Lauschgeräte scheinen überflüssig, wenn Gespräche unter vier Augen nur einen winzigen Bruchteil der Kommunikation ausmachen, Dialoge über Telephon, Fernschreiben oder Internet aber jederzeit registriert werden können. Muß überhaupt alles abgehört und aufgezeichnet werden, wenn der Wortschwall der täglichen Konversation nur die Leere der Bedeutungslosigkeit verbirgt? Nicht einmal Videokameras werden noch erforderlich sein, falls demnächst jedermann eine Kennkarte mit sich führen wird, über die jederzeit festzustellen ist, wo er sich gerade aufhält.

3. Herrschaft und Privatheit

Jede Macht ist darauf aus, ihr Revier auszudehnen. Noch die letzte freie Nische sucht sie zu besetzen. Sie erlangt Dauer und Bestand, indem sie die Quellen des Eigensinns austrocknet und die Menschen in freundliche Nachbarn und fügsame Untertanen verwandelt.

Sobald die Unterlegenen auf Widerstand verzichten, kristallisiert sich Macht zu Herrschaft. Nicht Normen und Institutionen konstituieren soziale und politische Herrschaft, sondern Botmäßigkeit und Konformismus. Nicht die Regel als solche, sondern ihre regelmäßige Befolgung bringt die Institutionen hervor. Gehorsam kann auf diversen Motiven beruhen: auf der Verrechnung der Sanktionskosten mit den Vorteilen des Freiheitsverzichts, auf purer Angst oder Gewohnheit, auf dem unbefragten Vorbild der Vergangenheit, auf der Aura einer Autorität, auf dem Glauben an die Rechtmäßigkeit der Verfahren, auf utopischer Hoffnung, religiöser Überzeugung oder kultureller Tradition. Meist vermischen sich die Motive der Fügsamkeit bis zur Unkenntlichkeit. Denn wie es zweckmäßig ist, denjenigen zu verehren, den man fürchten muß, so ist es nicht minder opportun, die Gewohnheiten der Ohnmacht mit der Macht der Gewohnheit zu begründen.

Sporadischer Widerwille ändert nichts an der Botmäßigkeit. Das Murren des Knechts berührt nicht sein Dasein als Knecht. Solange er sich sagen läßt, wohin er zu gehen, wie er zu leben, was er zu tun, zu denken, zu fühlen und zu besitzen hat, bleibt die Herrschaft unangefochten. Erst dann gewinnt er wieder Selbständigkeit, wenn er um verlorenes Terrain zu kämpfen beginnt und dem Zugriff des Herrn einen Riegel vorschiebt. Die Verteidigung des Privaten ist der erste Schritt zur Rettung der Freiheit. Öffentlichkeit mag dazu dienen, den Herrn zur Beweispflicht zu zwingen und die Opposition zu formieren. Sie soll die Geheimnisse der Macht lüften und ein Streitforum bieten für Angelegenheiten, die alle angehen. Privatheit dagegen ist die Festung des einzelnen. Sie ist ein machtfreies Terrain, das einzig der Regie des Individuums unterliegt. Das Private umfaßt, was niemanden sonst etwas angeht. Es ist weder öffentlich noch offenkundig. Privates ist nicht für anderer Augen, Ohren und Hände bestimmt, es wird nicht mit anderen geteilt und ist ihnen nicht zugänglich.

Daß Menschen eine eigene Sphäre beanspruchen, wird von der Macht nur selten respektiert. Das Private limitiert ihren Anspruch auf Omnipräsenz. Auch Gesetze halten sie nicht von Feldzügen gegen das persönliche Territorium ab. Der brutalste Angriff erfolgte jedoch stets in Zeiten totalitärer Willkür. Zwar gelang es den Diktaturen zu keinem Zeitpunkt, alle Gehirne zu besetzen und sämtliche Verästelungen der Gesellschaft zu durchdringen. Aber der innere Widerstand wurde zerschlagen und blieb zuletzt ohne Erfolgsaussicht. Die totalitären Regimes wurden nicht durch Aufruhr, Aufstände und Revolutionen beseitigt, sondern durch Mißwirtschaft oder militärische Niederlagen. Weder der Faschismus noch der Staatssozialismus gingen an der Rebellion der Untertanen zugrunde.

Totale Kontrolle

Die Kontrolle reichte weit über die summarische Ermittlung privater Daten oder die Gleichschaltung der Gedanken hinaus. Observation war stets mit Gewalt und Verfolgung verknüpft. Mit präventiver Erfassung hielten sich die Polizeistaaten und Parteiregimes nicht lange auf. Sie bevorzugten Denunziationen, nächtliche Verhaftungen, Folter, Kerker, Hinrichtungen und Massaker. Ganze Bevölkerungsgruppen wurden nicht nur ausspioniert und enteignet, sondern gekennzeichnet, verschleppt, vernichtet. Die Zerstörung des Privaten war nur der erste Schritt auf dem Weg zur Vernichtung des Menschen. Gegenüber den Staats-, Volks- oder Klassenfeinden war die Kontrolle nahezu lückenlos. Kaum ein Verfolgter entging den Fängen der Häscher. Die Zahl der Gerechten war verschwindend gering. Auch der regimetreuen Mehrheit schienen die Organe der Repression allgegenwärtig. Millionen von Aufpassern, Zuträgern und Helfershelfern waren damit beschäftigt, den Rest der Nation im Auge zu behalten. Auch ohne gläserne Wände waren Partei, Blockwarte, Spitzel und Geheimpolizei über die Stimmung im Lande, über abweichende Meinungen und untergründige Aktivitäten weitgehend im Bilde, ja, sie orteten eine Opposition bereits, noch ehe jene sich überhaupt geregt hatte.

Wenn der Schrecken regiert, kann die Macht ihre Ermittlungen auch offen betreiben und die Überwachung zur Einschüchterung einsetzen. So lungerten rund um die Uhr Spitzel vor der Wohnung bekannter Dissidenten herum. Sie waren unmöglich zu übersehen. Ihre Gegenwart war eine Drohung. Aber auch sonst war die Spionage gegen die Untertanen ein offenes Geheimnis. Jeder wußte, daß zahllose Agenten mit Erkundigungen befaßt waren, aber man wußte nicht, was sie bereits wußten und wen sie in das Milieu eingeschleust hatten. Die Informanten lebten häufig unerkannt in der Mitte des sozialen Kreises. Jeder Arbeitskollege, jeder Freund, der Ehepartner oder das eigene Kind konnte ein Zuträger sein. Die Macht durchsetzte die gesamte Gesellschaft mit Spitzeln. Nicht einmal mit dem Sammeln von Bildern und Geräuschen gab sie sich zufrieden. Die Geheimpolizei bediente sich einer bewährten Technik der Kriminalistik und nahm von den Kleidungsstücken Verdächtiger insgeheim Geruchsproben. Zu Tausenden wurden die gelben Tücher in Einweckgläsern konserviert. Die Geruchsspione verkleideten sich als Helfer des Roten Kreuzes und besuchten die überfüllten Veranstaltungen der Opposition. Suchte jemand

Hilfe bei der Sanitätern, hinterließ er automatisch eine Geruchsspur, so daß die Spürhunde ihn später identifizieren konnten.

Demokratische Repression

Mittlerweile ist die Zeit großbrüderlicher Heilsbringer, jubelnder Massen und arglistiger Denunzianten weitgehend vorbei. Trotz populistischer Protestbewegungen scheint in den westlichen Regionen die Gefahr des Totalitarismus weit entfernt. Gegenwärtig herrscht, so heißt es, nicht der Massenmensch, sondern der Kult des Individualismus. Horizontale Netzwerke und flache Hierarchien haben Zwang und Personenkult ersetzt. Statt des uniformen Lebens hat sich eine Vielfalt von Milieus und Lebensstilen entwickelt. Die Phantasie wurde nicht aus den Gehirnen gelöscht, und nur selten verfallen Menschen noch ins Flüstern, falls zufällig ein Fremder auftaucht.

Trotzdem ist die Geschichte der Repression nicht zu Ende. Jede Herrschaft, sei sie demokratisch, autokratisch oder charismatisch verfaßt, bedroht die Freiheit des Individuums. Mittlerweile erfolgt der Angriff auf das Private jedoch nach Recht, Moral und Gesetz. Transformationen der Herrschaft sind immer begleitet von einem Wechsel der Machttechniken. Der Totalitarismus attackierte die Privatsphäre, weil er jeden Eigensinn auszutilgen suchte. Er sicherte das Machtgefüge durch Angst, Terror und Vergünstigungen. Seine Legitimation bezog er aus ökonomischen Fortschritten, utopischen Hoffnungen, erhebenden Gemeinschaftserlebnissen und dem Orientierungswert, der jeder Ordnung, auch der repressivsten, eigen ist.

In Demokratien herrscht ein anderes Gesetz. Wie jedes Herrschaftssystem unterhält auch der Rechtsstaat eine geheime und politische Polizei, um sich vor Subversion zu schützen. Auch Demokratien sind zu Hexenjagden und Schnüffelkampagnen imstande. Doch steht die politische Klasse selbst unter ständiger Beobachtung. Sie muß um ihren Legitimitätskredit bangen, wenn sich Gefahren für Ruhe und Ordnung abzeichnen. Da sie dem Wahlvolk Sicherheit und Frieden versprochen hat, ist sie zu präventiven Maßnahmen genötigt. In Despotien fürchtet der Untertan die Willkür des Herrn und seiner Helfershelfer. In der Demokratie ersehnt er die Obhut der Obrigkeit. Er sucht nicht Schutz vor dem Staat, sondern Schutz durch den Staat. Bei Gefahr fordert er sofort verschärfte Maßnahmen. Je größer die Angst in der Gesellschaft, desto energischer der Zugriff des Staates und desto geringer die Chancen der Freiheit. Für die Elite ist die Beschränkung des Privaten ein Gebot des Überlebens. Jede Fahrlässigkeit bedeutete für sie den politischen Tod. Sie würde sofort durch Wahlen ausgetauscht. Um auch nur den Anschein einer Unterlassung zu vermeiden, läßt sie daher wirkliche oder vermeintliche Gegner vorsorglich auskundschaften und ausschalten.

In der Ära von Senator McCarthy und FBI-Chef Hoover grassierte in den USA eine panische Angst vor kommunistischer Infiltration. Der Verschwörungswahn stand in keinem Verhältnis zur realen Gefahr. Unzählige gerieten unter Verdacht, wurden ausgeforscht oder mit Berufsverboten belegt. Im Herbst 1977 wurde nach mehreren Terroranschlägen in Deutschland die Überwachung so verschärft, daß auch gänzlich Unbeteiligte auf offener Straße verhaftet wurden. Nach den Anschlägen des 11.September 2001 bauten viele Regierungen die Geheimdienste aus und erließen patriotische Gesetze, welche die Exekutivgewalten der öffentlichen Kontrolle entzogen. In den USA gerieten muslimische Einwanderer unter Generalverdacht. Sie wurden summarisch observiert, nicht wenige wurden mit fadenscheiniger Begründung eingesperrt. Gleichzeitig speicherte die Abhörbehörde NSA ohne richterliche Genehmigung die Verbindungsdaten zahlloser Auslandsgespräche. Über die Telefongesellschaften erhielt die Behörde Zugriff auf Nummern, Gesprächsdauer und Anrufzeiten, nicht jedoch auf den Wortlaut. Aber man muß keine Gespräche abhören, um zu wissen, was eine Person treibt. Ist jeder Anruf erfaßt, kennt man auch jede Person, mit der jemand gesprochen hat. Die Registrierung legt nicht nur die persönliche Privatsphäre offen, sie verschafft auch Einblick in das Netzwerk der Gesellschaft.

Nachdem radikale Muslime, sei es als Einzeltäter, sei als konspirative Zelle, verheerende Anschläge verübt haben und die forcierte Zuwanderung von Fremden aus Kriegsgebieten das Sicherheitsgefühl vieler Einheimischer unterminiert hat, ist auch in Europa die Überwachung ausgebaut und verdichtet worden. Zwar zeigen wiederholte Fahndungspannen, daß vorhandenes Informationen nicht zwangläufig zu rechtzeitigem Handeln veranlaßt, aber die Forderung nach präventiver Kontrolle von gefährlichen, zwielichtigen und harmlosen Subjekten findet breite Zustimmung. Das Klima der Bedrohung rechtfertigt umfassende Ermittlung, mit Verdacht und ohne Verdacht.

Dennoch: Es sind keineswegs nur aktuelle Gefahren, welche zur Preisgabe privater Reservate führen. Mit dem Wachstum des modernen Staates geht generell eine Erosion des Privaten einher. Mehr und mehr muß das Eigene dem inneren Imperialismus der Staatsmacht abgetrotzt werden. Unter dem Banner der Fürsorge und Vorsorge werden Freiräume immer weiter eingeengt. Ohne Information, ohne Akte und Datei keine bürokratische Herrschaft. Niemals hat sich der Staat mit der Sicherung der Freiheit begnügt. Stets war er auf die Ausdehnung seiner Herrschaft aus, und sei es unter dem Vorwand, die Gesellschaft sittlich verbessern zu wollen. Er war stets weit davon entfernt, die Untertanen ihr Leben nach eigenem Gutdünken führen zu lassen. Das Gehäuse der Hörigkeit ist längst Wirklichkeit geworden.

Nicht umsonst steht das Private unter ideologischem Verdacht. Unpolitische Bekenntnisse, Wahlabstinenz, Gleichgültigkeit gegenüber dem Machttheater, Mißtrauen gegenüber der Elite, Verweigerung von Applaus – all dies zählt als Verrat an der Demokratie. Wer sich weigert, die Spiele der Macht mitzuspielen, der gilt als politischer Idiot, als Verräter am Gemeinwesen, als borner Spießer. Ihm unterstellt man entweder den Rückzug in den Spitzwegschen Winkel oder die Flucht in die Sphären spätbürgerlicher Hochkultur.

Die beliebte Parole, alles Private sei politisch, bekräftigt nur die Totalisierung der Macht. In Wahrheit ist das Politische weder deckungsgleich mit dem Staat noch mit der sozialen Lebenswelt. Zu den wenigen Errungenschaften der modernen Zivilisation gehört die Forderung, daß der Staat in seine Schranken zu weisen und die Gesellschaft vor dem Übergriff der Politik zu schützen sei. Die Grenzen des Privaten sind die Grenzen des Politischen. Die Verteidigung der Privatheit ist der wirksamste Einspruch des Individuums gegen den fatalen Universalismus der Macht. Er entspringt der Einsicht, daß auch die demokratische Eliteherrschaft Unterwerfung fordert. Auch das Regime der Mehrheit, ihrer Wortführer, Zuträger, Repräsentanten und Exekutoren ist eine Form der Herrschaft. Alle Rhetorik von der Gleichheit der Stimmbürger kaschiert lediglich die reale Ungleichheit der Macht. Politische Freiheit heißt daher nicht zuletzt Freiheit von der Politik.

Recht und Verbot

Auf das Recht ist kein Verlaß. Denn sein wichtigstes Instrument ist das Verbot. Keineswegs ist das Recht eine machtfreie Sphäre. Es ist Medium und Mittel der Macht. Verbote sind wie Befehle. Sie verlangen prompten Gehorsam. Was immer als Begründung angeführt wird, das Regime der Untersagung zielt zuletzt auf staatlich verordneten Freiheitsentzug. Der totale Rechtsstaat will die Gesellschaft lenken und die Untertanen erziehen. Immer neue Vorschriften und Regeln greifen in den Alltag ein. Nicht immer geht es um Sicherheit oder Volksgesundheit, um die Obhut bedrohter Minderheiten oder gekränkter Mehrheiten. Mitnichten sollen die Menschen voreinander geschützt oder der einzelne vor Sucht und Versuchung bewahrt werden. Längst erfaßt die Verbotspolitik auch Bereiche, in denen ein möglicher Schaden entweder Privatsache oder Ansichtssache ist.

Die Verbotspolitik bedient sich gezielter Fehlschlüsse: Was nicht verboten ist, ist noch lange nicht erlaubt. Was nicht geboten ist, ist auch nicht erlaubt; und erlaubt ist zuletzt nur, was Pflicht ist. Die Herrschaft der Normen kennt nur Gebote und Verbote. Freiheiten und Erlaubnisse erregen sofort Verdacht. In einer geschlossenen Rechtswelt gibt es keinen Dispens, geschweige denn einen normfreien Bezirk. Jede Gesetzeslücke wirkt auf die legale Exekutivgewalt wie ein Übel, das umgehend eliminiert werden muß. Lugt aus den freien Ritzen nicht überall die Fratze des Bösen hervor? Wo keine Norm, droht da nicht das Verbrechen, die Ausschweifung, die Raserei?

So selbstverständlich ist den Untertanen die Inflation der Ordnungsverstöße, daß ihnen der private Freiheitsverlust gar nicht mehr auffällt. Das Tempo der Fortbewegung wird strikt limitiert, der Parkraum rationiert, die Zufahrt zu den Stadtzentren gesperrt. Verordnungen regeln die Kauf- und Konsumzeiten, sie untersagen freie Arbeit, riskante Wetten und zufälliges Spielglück. Vor Genüssen wird ausdrücklich gewarnt, exzessive Gelüste werden gebrandmarkt, und der Rausch, in dem sich der Untertan gelegentlich von der Last seiner selbst befreit, unterliegt härtesten Strafen.

Normen sollen die Grenzen der Normalität verbarrikadieren. Doch liegt der Verbotspolitik eine magische Vorstellung zugrunde. Ähnliches wird mit Ähnlichem kuriert. Da das Böse ansteckend wirkt, muß schon der kleinste Infektionsherd ausgetilgt werden. Verbote sollen abschrecken, indem sie potentielle Übeltäter mit Strafen bedrohen. Alle sollen ohne Furcht leben können. Verbote haben die Aufgabe, die Angst in der Gesellschaft zu mindern. Aber sie bekämpfen die Angst vor dem Risiko durch die Angst vor Strafen. Es können alle nur ohne Furcht leben, wenn sie alle Sanktionen bei Ungehorsam fürchten. Je mehr Verbote, desto mehr Angst. Und je höher die Besorgnisschwelle, desto mehr Verbote. So erzeugen Verbote die Gründe ihrer eigenen Verschärfung.

Wer einer privaten Unsitte öffentliche Aufmerksamkeit verschaffen will, der muß sie untersagen. Was wie ein Versuch der Eindämmung aussieht, verhilft dem Übel erst zu seinem Recht. Kein Verbot, das nicht überschritten werden könnte. Es provoziert den Verstoß. Denn das Verbot ist da, um verletzt zu werden. Die Menschen werden auch weiterhin dem Schnaps und dem Glücksspiel frönen, ihrer Fettsucht, der Zigarette. Die Torheit der Legislative liegt in dem Glauben, sie könne mit Verboten die bösen Gelüste aus der Welt schaffen. Das Gegenteil ist der Fall. Das Verbot schafft erst den Tatbestand, den es zu verhindern sucht.

Verbote fordern ständige Überwachung. Der Staat als Hüter der Sittlichkeit - das ist ein Vollbeschäftigungsprogramm für Heerscharen von Alarmrufern, Denunzianten und Anklägern. Keine Norm ohne Strafe. Der Abschreckungseffekt jedoch ist gering. Recht schafft keine Moral. Die allermeisten Übeltäter spekulieren darauf, nicht ertappt zu werden. An eigenen Lastern sind stets die anderen schuld. Und wer erwischt wird, der schiebt seine mißliche Lage nicht sich selbst, sondern den Aufpassern zu. Je mehr Normen, desto mehr Untaten und desto umfangreicher die Kontrollbürokratie. Nicht bessere Sitten sind das Ergebnis staatlicher Verbotspolitik, sondern das Wachstum des Apparats.

Überwachung

Observation gehörte immer schon zu den wirksamsten Methoden der Kontrolle. Die Angst vor dem Blick der anderen hält Menschen gefügig. Diese Tatsache liegt allen Erfindungen der modernen Observationstechnik zugrunde. Lange Zeit genügte der Macht eine unverhoffte Stichprobe, um Willfährigkeit zu erreichen. Hier und da ein Exempel, eine rasche Überprüfung, eine energische Strafaktion, und schon legte sich Friedhofsruhe über das Land. Wer jederzeit damit rechnen muß, ins Visier zu geraten, der paßt sich freiwillig an. Nicht vollständige Information strebte die alte Macht an, sondern chronische Furcht vor dem plötzlichen Zugriff. In Zeiten der Disziplin mußten Kameras gar nicht eingeschaltet bleiben, um dem Untertan das Gefühl zu vermitteln, fortwährend sichtbar und jedem Übergriff aufgeliefert zu sein.

Damit begnügt sich die heutige Macht nicht mehr. Auf die Angst vor Entdeckung, auf Gehorsam, Gesetzes- und Prinzipientreue will sie allein nicht vertrauen. Zu tief ist ihr Argwohn gegenüber den Untertanen. Sie will alles wissen, jederzeit, an jedem Ort. Der Kampf gegen das Böse ist niemals beendet. Der neue Staat formiert die Gesellschaft, nicht indem er Ordnung und Vertrauen schafft, sondern indem er Angst und Mißtrauen sät. Prävention erzeugt ein Klima stetiger Alarmierung. Allerorten wittert der Staat Verstöße gegen das Verbot. Er schafft selbst das Übel, das zu bekämpfen er vorgibt. Wird überall kontrolliert, muß die Gefahr überall lauern. Wird jeder überwacht, kann jeder ein Übeltäter sein. Wer kennt schon alle Masken des Bösen? Je weniger einer auffällt, desto verdächtiger erscheint er. Unauffälligkeit war schließlich schon immer die beste Tarnung. Und die größte Gefahr lauert immer dort, wo alle sie sehen, aber niemand sie vermutet.

Der Generalverdacht macht keine Ausnahme. Aber je mehr man weiß, desto sicherer weiß man, daß man noch nicht alles weiß. Jede Wissenslücke fordert weitere Ermittlungen. Große Schrifttafeln, Fernsehspots und Steckbriefe ermahnen daher die Bürger, sich gegenseitig zu beobachten. Verdächtige Subjekte sind sofort zu melden. Jeder Untertan – ein Agent der nationalen Sicherheit. Die Maßnahmen zerstören nicht nur die Freiheiten, um deretwillen sie verhängt werden. Sie treiben die Individuen auseinander und zerschneiden ihre sozialen Bande. Am Ende fühlt sich keiner mehr vor dem anderen sicher.

Der gläserne Untertan ist nur das vorläufig letzte Modell politischer Herrschaft. Doch ist die aktuelle Ausweitung der Überwachung lediglich eine Maßnahme. Macht beschränkt sich mitnichten auf Informationsmacht. Die Verteidigung des Privaten geht weit über den Datenschutz hinaus. Sie ist eine Aufgabe jeder Zivilisation. Die Grenzen des Privaten müssen stets aufs Neue gesichert werden. Nicht der Rechtsstaat garantiert die Freiheit des Privaten, sondern nur die reale Geheimhaltung jedes einzelnen. Das Recht auf Privatheit, auf Unverletzlichkeit der eigenen Körper- und Lebenssphäre ist nichts als eine Idee, wenn es nicht durch die Gegenwehr der Menschen durchgesetzt wird. Obwohl politisch unabdingbar, greift der Protest gegen die legale oder unbefugte Ermittlung persönlicher Informationen zu kurz. Sie zollt dem Niedergang des Privaten schon ihren Tribut. Schutz der Privatsphäre heißt nämlich Schutz der eigenen Lebensführung, des Eigentums und des eigenen Bewegungsraums. Privatheit gewährt jedem das Recht, in der Öffentlichkeit unerkannt zu bleiben und auf die Abgabe politischer Bekenntnisse zu verzichten. Privatheit bedeutet, daß jeder sein eigenes Wohl erstreben kann, und zwar auf die ihm eigene Weise. Privatheit, welche den Namen verdient, umfaßt die Freiheit des Glaubens und der Gedanken, die Freiheit vor unerbetener Berührung und Belästigung, vor den Zwängen der Gemeinschaft, der Gesellschaft und des Staates.

4. Rückblicke

Die Mauer gehört zu den wichtigsten Erfindungen der Menschheit, gleich dem Rad, dem Pflug oder der Schrift. Sie sorgt für Abstand und schützt vor Übergriffen. Hinter dem Wall kann das Individuum die Waffen fallen lassen, mit denen es sich gegen die Zumutungen der Öffentlichkeit zu wappnen pflegt. Die Mauer sichert die persönliche Freiheit.

Aber welche Bereiche grenzt diese Wehr heutzutage ab? Für die Zeitgenossen scheint die Antwort eindeutig: Innerhalb des Walls befindet sich das Refugium der Familie, der Freundschaft und Freizeit; jenseits herrschen die Zwänge der Gesellschaft, die beruflichen Verpflichtungen, die Ansprüche des Gemeinwesens, des Staates.

Lob der Grenze

Öffentlich ist, was für jedermann hör- und sichtbar ist. Die Grenze des Privaten ist zuerst eine Grenze der Sinne. Die Gegenwart anderer, die gleichfalls sehen und hören, was wir selbst sehen und hören, verlangt nach einer Demarkationslinie. Privat ist der Haushalt, die Wohnung, die Geselligkeit, privat sind auch die Vergnügungen und Neigungen, die Laster und Ausschweifungen, die geheimen Schätze und Überzeugungen, der Geschmack und der Glaube. Viele Praktiken und Widerfahrnisse des Körpers rechnen wir der Privatsphäre zu: Fortpflanzung, Liebe, Sexualität, Krankheit und Tod. Und schließlich die Gedanken und Gefühle, die Lust der Sinne, die Leidenschaften des Herzens, die Erinnerungen, Wünsche und Träume – nichts scheint privater als die Innenwelt der Menschen, verborgen und umschlossen von der Hülle des Körpers.

Die Abgrenzung eines persönlichen Lebensraums versteht sich keineswegs von selbst. Privatheit ist zugleich eine historische und anthropologische Tatsache. Die Geschichte begann keineswegs nach dem großen Brand von London, damals Europas größter Metropole, als sich die bürgerliche Mittelklasse in ihre Häuser zurückzog, um von der Wildnis der Stadtstraßen unbehelligt zu bleiben. Es gibt keine Gesellschaft, in der Menschen nicht versucht hätten, ein eigenes Terrain für sich zu besetzen und es gegen Übergriffe zu verteidigen. Niemals in der Kulturgeschichte des homo sapiens, nicht einmal in den Horden der Wildbeuter, galten Nacktheit, Sexualität, Urinieren oder Defäkieren als öffentliche Angelegenheiten. Daß die Privatheit ein knappes Gut war, das nur schwer zu erlangen war, bedeutet nicht, daß es kein Bedürfnis danach gegeben hätte. Die Verrichtungen des Körpers wurden möglichst hinter die Kulissen der Gesellschaft verlegt. Hütten und Häuser waren durch Zäune geschützt, große Räume durch fiktive Wände aufgeteilt, nackte Körper von Phantomkleidern umhüllt. Heikle Privatzonen durften nicht bemerkt, geschweige denn betrachtet werden.

Zweifellos variierten Umfang und Grenzverläufe über die Zeiten und Orte. Ist die soziale Kontrolle lückenhaft und die politische Macht schwach, durchdringt das Private alle gesellschaftlichen Bereiche. Dehnt sich dagegen der öffentliche Sektor aus, schrumpft das Private auf ein Oase zusammen. Trotz des historischen Wandels gehört es zur universalen Struktur des Sozialen, Eigenes von Fremdem, Privates von Allgemeinem abzuheben.

Rom, Renaissance, Revolution

Um drei Beispiele aus der Geschichte des Abendlands zu erwähnen: Im antiken Rom unterschied man klar und deutlich zwischen öffentlich und privat. Die modernen Wörter leiten sich von den lateinischen Ausdrücken privatus und publicus ab. Als privat galt jener Bereich, der nicht durch Vorschriften in öffentlichen Ämtern oder Institutionen geregelt war. Privatsachen waren Güter, die weder dem Volk noch einem Amtsinhaber gehörten. Es gab keine Staatsreligion, Besitz konnte beliebig übertragen werden, beide Geschlechter konnten sich scheiden lassen. Jedem war es unbenommen, Wohnort und Beruf zu wechseln, und gegenüber sexuellen Verfehlungen übte man augenzwinkernd Nachsicht. Dafür wurden kollektive Zensuren für privates Verhalten erteilt. Roms Honoratioren und Senatoren unterstanden der Aufsicht der öffentlichen Meinung. Jede Heirat, jedes Testament wurde kritisch taxiert. Die herrschende Klasse überwachte das Leben ihrer Mitglieder, im Interesse der Ehre und der Privilegien. Nicht einmal der Kaiser war vor dem wachsamen Auge des Publikums sicher. Augustus ließ einen Bericht über die Zuchtlosigkeit seiner Tochter und seiner Enkelin im Senat verlesen. Claudius prangerte die Schandtaten der Kaiserin Messalina öffentlich vor seinen Prätorianern an.

Den Kommunen der frühen Renaissance war das private Reich der Familien höchst verdächtig. Sie erließen die ersten Gesetze, um die Stadtöffentlichkeit vor der Usurpation durch private Interessen zu verteidigen. Mit der Zeit gelang es der Obrigkeit, in das Revier der Sippen und Familien einzudringen. Stadtverwaltungen erließen Vorschriften für den Bau privater Häuser und Wohnungen. Sie begrenzten die Höhe der Geschlechtertürme und belegten Vorkragungen mit Strafsteuern. Vermögen mußte der Kommune offenbart werden, damit jene die Verantwortung für die häuslichen Geldmittel, die Verteilung der Erbschaft und die Formen der Mitgift regeln konnte. Kodizes beschnitten die Macht des Ehemanns und bestimmten Volljährigkeit und Eheschließungen. Sogar sexuelle Verfehlungen wie Inzest, Bigamie oder Homosexualität wurden öffentlich bestraft. Besondere Aufmerksamkeit richtete die Obrigkeit auf private Entscheidungen mit öffentlichen Folgen. Begräbnisse und Hochzeiten wurden minuziös geregelt: die Anzahl der Gäste, der Zeitpunkt des Banketts, der Wert der Aussteuer und der Geschenke. Besonders verhaßt waren die Geldbußen für Verstöße gegen die Kleiderordnung. Der offizielle Modekatalog schrieb genau vor, welcher Gürtel, welche Pelze, Ringe, Schuhe und Knöpfe getragen werden durften, wie lang der Saum der Gewänder zu sein hatte und welche Stickereien erlaubt waren. Luxus und Sittenverderbnis stürzten die Stadtväter in tiefe Besorgnis.

Einen mächtigen Verbündeten hatten sie in der Autorität der Kirche. Sie maß die Familien am Idealbild der Heiligen Familie. Fremden die Haustür zu öffnen, konnte so manche Versuchung nach sich ziehen. Prasserei, Eitelkeit, begehrliche Berührungen gefährdeten die Sittsamkeit. Doch nicht nur die Öffnung der Grenze, auch der Binnenraum der Familie galt als verdächtiges Terrain. So begannen franziskanische und dominikanische Ordensbrüder damit, vertrauliche Beziehungen zur sozialen Elite zu knüpfen. Als Erzieher, Seelsorger und Beichtväter verbreiteten sie strenge Lehren für den Gebrauch der Sinne. Im Anblick der Sünde habe man die Augen niederzuschlagen, sorgsam müsse der gehorsame Christ seine Zunge hüten und auf das achten, was er zu hören bekomme. Kanonische Fristen galten für das Essen und Fasten, die ehelichen Rechte durften nur am angemessenen Ort in naturgemäßer Stellung ausgeübt werden. Das Private wurde zum Feld klerikaler Askese. Denn die Familie galt als Hort der Sitte und als Bronn der christlichen Gesellschaft.

Die Französische Revolution setzte das private Leben einem Angriff aus, wie es ihn bis dahin in der westlichen Welt noch nicht gegeben hatte. Im Namen der Nation wurde das Eigeninteresse unterdrückt. Politische Versammlungen standen zwar allen offen, aber jeder Salon, jeder Zirkel, jeder private Kreis wurde sofort denunziert. Die Kleidung wurde zum Träger der Gesinnung: Je schäbiger, desto patriotischer. Der wahre Republikaner sollte eine kurze Jacke, die „Carmagnole", und weite Hosen tragen, die wahre Patriotin sollte sich in Streifenkleider in den Nationalfarben hüllen. Wer die blauweißrote Kokarde nicht anheftete, riskierte seinen Kopf. Während des Terrors experimentierte man sogar mit einer einheitlichen Bürgertracht. Soldaten wie Zivilisten sollten Uniform tragen. In den Privaträumen hielt der ideologische Kitsch Einzug. Porzellan, Tabakdosen, Spiegel und Nachttöpfe wurden mit Motiven der Revolution, mit Allegorien der Freiheit und Gleichheit geschmückt. Jeder Bürger hatte den Mitbürger zu duzen, und jeder Untertan der neuen Nation hatte dieselbe Sprache zu sprechen. Die französische Hochsprache verdrängte die Dialekte. Die Familie wurde der Kontrolle der Kirche entzogen und zu einer säkularen Einrichtung umgewidmet. Hochzeitszeremonien hatten nun stets vor einem städtischen Beamten stattzufinden. Aber der Staat bestimmte auch, welche Hindernisse einer Ehe im Wege standen. Die Elternrechte wurden beschnitten, denn die Kinder gehörten zuerst der Republik, dem Staat. Dafür war das Scheidungsrecht von 1792 ungewöhnlich freizügig. Nicht nur wegen Brutalität oder Ehebruch konnte eine Ehe geschieden werden, sondern auch wegen langer Abwesenheit oder wegen einer „Unvereinbarkeit der Charaktere". Der napoleonische Code civil stärkte später wieder die Rechte des Mannes, und 1816 verbot man Scheidungen generell wieder. Der befristete Freiheitsgewinn wurde erkauft durch die Politisierung des Privaten. Der revolutionäre Staat bestimmte die Zeitrechnung neu und verlieh den Kindern der Zukunft die passenden Namen.

Die Geschichte des Privaten verlief niemals linear. Sie kannte Rückfälle und Sprünge nach vorn, kehrte manchmal zu früheren Stationen zurück oder erschloß bislang unbekannte Gefilde. Epochen relativer Freiheit folgten Perioden der Einmischung,

Überwachung und Unterdrückung. Immer wieder wurden die Privatsphären zusammengepreßt durch den Druck der Kollektive, der Gesellschaft, der Obrigkeit, bis sich die Menschen wieder daran erinnerten, wie man offizielle Erwartungen unterläuft und Geheimnisse vor Indiskretion schützt. Ungleichzeitig war zudem die Verteilung des Privaten in der Hierarchie der Klassen. Während sich in den Behausungen der Armen häufig vielköpfige Familien in ein, zwei Räumen zusammendrängen mußten, verfügten die Oberklassen meist über großzügige Häuser oder Wohnungen, in denen der einzelne zumindest eine Ecke, ein Zimmer oder einen Turm sein eigen nennen konnte.

Anstalten der Disziplin

Dem Zeitenwechsel enthoben waren lediglich die Institutionen der Disziplin. In den geschlossenen Zwangsgesellschaften hatte das Individuum niemals die Chance, sein Leben selbständig zu führen, weder im Kloster noch im Arbeitshaus, weder in der Anstalt, der Klinik noch im Zuchthaus oder der Kaserne. Auch wenn einzelnen Insassen zeitweilig eine eigene Ecke oder eine Sonderaufgabe zugestanden wurde, die totalen und asketischen Institutionen richteten Subjekte ab und prägten ihren Charakter um. Über Jahrhunderte blieb das Reglement der Disziplinarmacht dasselbe: Isolation, Dressur des Körpers, seiner Gesten und Gebärden, Verdichtung der Zeit, endlose Wiederholung der Riten, Übungen und Zeremonien, Sichtbarkeit ringsum, Dokumentation jeglicher Abweichung, Ranghierarchie und regelmäßige Inspektion. Die Gesellschaft hinter der Mauer war eine uniforme Gesellschaft ohne Privatheit. Auch wenn einzelne im Untergrund geheime Gedanken und Begierden pflegten, war die Anstaltsordnung übermächtig. Sie bestimmte das Verhalten, formte die Gedanken, zähmte die Leidenschaften, lenkte Wünsche und Träume. Sie drang den Menschen ins Gehirn. Nicht wenigen brach sie das Rückgrat. Bis heute greifen Staat und Gesellschaft auf dieses bewährte Modell der Repression zurück, um Außenseiter unter Kontrolle zu halten, Übeltäter zu bestrafen und gehorsame Untertanen zu erziehen. Jede Stadt verfügt über Einrichtungen dieser Art. Solange Macht und gesellschaftliche Ordnung nicht bedroht sind, bleiben die sozialen Käfige dem Ausnahmefall vorbehalten. In der Krise jedoch werden sie aufgefüllt und ausgebaut, bis sich schließlich die Gesellschaft insgesamt in ein Gefängnis verwandelt hat.

5. Freiheit und Privatheit

Frei ist, wer nicht angegriffen wird. Privatheit ist die Zitadelle der persönlichen Freiheit. Sie bewahrt vor Enteignung und Entmündigung, vor Aufdringlichkeit und Bevormundung, vor Macht und Zwang. Unbefugten ist der Zutritt verwehrt. Die Festung sichert Selbständigkeit und Selbstbestimmung. Unerbetene Eingriffe prallen an ihren Bastionen ab. Der Zugang zu persönlichen Daten ist ebenso versperrt wie der Zutritt zu den Räumen der Intimität.

Wie jede Freiheit ist Privatheit zuerst negativ. Die Mauern sind Bollwerke gegen äußere Eindringlinge und innere Verräter. Sie werden verteidigt, indem man seine Geheimnisse wahrt, fremder Einmischung Schranken setzt, ein Glacis sozialer Distanz planiert. Der Privatier legt Wert auf Abstand. Weil Menschen jederzeit verletzbar sind, können sie einander stets gefährlich werden. In der physischen Konstitution des homo sapiens findet Privatheit ihren letzten Grund. Der eine versucht, den anderen beiseite zu drängen, zu unterwerfen, seine Bewegungen einzuschränken, seine Gefühle, Gedanken und Gesten zu lenken, sich seines Leibs, seines Verstandes zu bemächtigen. In jeder Gesellschaft muß daher der einzelne seinen Platz gegen Übergriffe behaupten. Die Privatsphäre hält andere in sicherer Entfernung und verschafft der Person einen Platz in der Welt.

Angreifer

Der Aggressoren sind viele. Das Heer der Eindringlinge reicht von besorgten Eltern, mißtrauischen Verwandten und neugierigen Nachbarn über selbsternannte Moralprediger, Toleranzprüfer, ehrgeizige Meinungsmacher und Gesinnungspädagogen bis zu den Steuereintreibern, Spitzeln und Wachposten der Fürsorge. Sie alle verstoßen gegen das Freiheitsrecht des einzelnen, in Ruhe gelassen zu werden.

Der Grenzwall des Privaten ist kein Ort friedlicher Eintracht. In einer freien Gesellschaft herrscht keine freudetrunkene Brüderlichkeit. Denn die Freiheit des einen endet, wo jene des anderen beginnt. Es gehört zum Paradoxon negativer Freiheit, daß sie fortwährend erstritten werden muß. Man wird die anderen nicht los, ohne gegen sie vorzugehen. Rechtliche Garantien zählen wenig, wenn andere sie nicht akzeptieren und der Staat unter dem Vorwand der Gerechtigkeit fortwährend Gesetze zur Freiheitsbeschränkung beschließt. Geheimnisse müssen daher gegen Neugier, private Reviere gegen Eindringlinge gesichert werden. Nach innen ist die Mauer zudem gegen das Aufbegehren der Individuen zu verteidigen. Im Privaten tobt auch der Streit der Geschlechter, Geschwister und Generationen. Nicht selten suchen sie Verstärkung bei Verbündeten jenseits des Walls. Sie öffnen die Tore, rufen nach Rechtsbeistand oder parteilicher Schlichtung. Und zeitweise drängen Privatleute selbst nach draußen, um sich auf Kosten der Zurückgelassenen ins Rampenlicht zu setzen und ihre persönlichen Interessen in der Öffentlichkeit durchzusetzen.

Verdichtung, Anonymität

Zu den ärgsten Feinden der Freiheit zählt neben der Macht auch die soziale Verdichtung. Sie ergibt sich aus dem Integrationsgrad der Gesellschaft. Wo jeder jeden kennt, ist Privatheit kaum zu wahren. Je engmaschiger das soziale Netz, desto bedrückender die Nähe der anderen. Je lückenhafter hingegen das soziale Geflecht, desto größer die Freiheit des Individuums. Solange Menschen in geschlossenen Gruppen mit starken Bindungen leben, in einem abgelegenen Dorf, einem Königshof oder Gefängnis, sind ihre Beziehungen eng und überschaubar. Insassen und Eingesessene bezahlen ihre Vertrautheit jedoch mit dem Verlust ihrer Freiheit. Ein Wechsel des sozialen Kreises scheint unmöglich. Vollständige Integration heißt, in sozialen Ketten zu liegen. Nichts bleibt der Aufmerksamkeit der Nachbarn, der Sippe, der Gemeinschaft verborgen. Alles Private ist öffentlich. Jeder Verstoß gegen Sitte und Etikette wird sofort registriert. Erst wenn sich die Abstände vergrößern und die Mobilität zunimmt, steigen auch die Freiheiten. Flüchtige Begegnungen unter Fremden ersparen dem einzelnen aufwendige Darstellungen seines Innenlebens. Seine Persönlichkeit ist nicht gefragt, sein sozialer Status ohne Belang, sein Rang häufig nicht einmal erkennbar.

Anonymität ist für den Schutz des Privaten unverzichtbar. Auf der Dorfstraße begegnen sich Menschen, die einander kennen. Man grüßt sich, wechselt ein paar Worte, und sei es nur, weil es die Höflichkeit gebietet. Geschichten machen die Runde, Neuigkeiten werden ausgetauscht, der Klatsch stärkt die Bande der Einheimischen und Eingeweihten. Ganz anders der Gang durch die City einer Großstadt. Viele bewegen sich wortlos durch die Geschäftsstraßen, schlängeln sich durch die Menge, taxieren kurz die wildfremden Gestalten, die ihnen entgegeneilen, hin und wieder ein Schritt zur Seite, um einen Zusammenprall zu vermeiden. Die Gesprächsthemen unter Fremden sind begrenzt. Man kann nach der Uhrzeit oder dem Weg fragen, notfalls auch über das Wetter reden. Nur der Besucher vom Lande erzählt bei dieser Gelegenheit, wen er zu besuchen gedenkt und warum er sich nicht auskennt. Er hebt die Anonymität auf, weil er in der unwirtlichen Umgebung ängstlich nach Zeichen für Vertrauen sucht.

Der historische Ort der modernen Privatsphäre ist die große Stadt. Hier tritt der Gegensatz von Öffentlichkeit und Privatheit kraß hervor. Auf dem Marktplatz für Güter und Eitelkeiten zählen nicht die Individuen, sondern die Käufer der Dinge und

die Verkäufer ihrer selbst. Beim Tausch der Werte geht der
Kunde von Stand zu Stand, von Geschäft zu Geschäft. Keiner
muß den anderen kennen, aber jeder kann mit dem anderen in
Kontakt treten. Die Tauschakte sind flüchtig, die Begegnungen
willkürlich, denn mit dem Geld in der Tasche ist man frei. Auf
dem Markt bewegen sich unzählige Privatleute. Jeder hat Zutritt. Davon ist die private Wohnung scharf abgegrenzt. Sie ist
dem Bewohner allein vorbehalten. Auch wenn das Terrain klein
und der Geldbeutel schmal ist, bietet die Wohnung ein Zuhause.
In den eigenen Wänden kann einem niemand vorschreiben, was
man zu tun oder zu lassen hat.

Lob der Privatheit

Nur wenn private Angelegenheiten den Menschen selbst überlassen bleiben, kann sich eine Vielfalt von Lebensformen entwickeln, die einer Gesellschaft Farbe und Dynamik verleihen.
Soziale Mannigfaltigkeit schwindet mit dem Grad der äußeren
Einmischung. Meinungsdruck gleicht die Haltungen und Vorstellungen der Menschen einander an. Vorschriften unterdrük-
ken die freie Selbsttätigkeit. Fremde Belehrung, fremde Lei-
tung, fremde Hilfe nehmen dem einzelnen den Ansporn, selbst
auf Auswege zu sinnen und die eigenen Kräfte einzusetzen.
Jede Freiheitsbeschränkung dämpft die Energie des Handelns
und raubt den Menschen die Chance, den Enthusiasmus eigener
Leistung für sich zu verbuchen. Was nicht von den Menschen
selbst gewählt, worin er eingeschränkt und geleitet wird, das
geht nicht ein in sein Selbstbewußtsein. Es bleibt ihm fremd.
Für soziale Vielfalt und persönliches Wachstum ist die freie
Selbsttätigkeit gleichermaßen unabdingbar.

Wie jede Freiheit garantiert auch die Privatheit nicht das moralisch Gute. In ihren geheimen Verliesen gedeihen manch son-
derbare Neigungen. Die Vorlieben der Menschen sind selten

wertvoll, tugendhaft, edel oder schön. Das Erstaunen über die banalen Präferenzen vieler Privatleute beruht auf der Verwechslung von Freiheit und Moral. Freiheit ist keine Tugend, sondern die Voraussetzung aller Tugend. Aber solange niemand geschädigt oder seiner Freiheit beraubt wird, sind die privaten Angelegenheiten tabu. Was den Privatmann angeht, geht niemanden sonst etwas an. Privatheit ist – wie die Freiheit – ein Wert, den Menschen um seiner selbst willen schätzen. Sie ist kein Mittel zum Zweck, sondern Selbstzweck.

Es gehört zum angestammten Recht eines jeden, von seiner Freiheit keinen Gebrauch zu machen. Niemand ist dazu verpflichtet, die Freiheit, welche ihm die Privatsphäre bietet, tatsächlich zu nutzen. Niemand ist gehalten, sich selbstkritisch seiner Wünsche und Handlungen zu versichern. Niemand ist dazu verurteilt, seinen Begabungen zu folgen, sich selbst zu verwirklichen oder gar ein besserer Mensch zu werden. Es ist ganz und gar unzulässig, die Privatsphäre einzuschränken, nur weil Menschen sich weigern, vermeintlich höheren Werten nachzustreben. Wer nichts aus sich macht, verdient ebenso private Freiheit wie derjenige, der die Gelegenheit zur Vervollkommnung seiner selbst zielstrebig ergreift. Individuelle Fähigkeiten sind keine öffentlichen Güter. Wer seine Potenzen nicht ausschöpft, vergeudet daher auch kein öffentliches Gut.

Besser als jede Obrigkeit wissen die Menschen selbst, was für sie das Gute ist. Paternalismus ist eine Ausgeburt des etatistischen Pessimismus. Er beruht auf dem Irrglauben, die Menschen seien außerstande, für sich selbst zu sorgen und das für sie Gute selbst zu erkennen. Unter dem Vorwand, es sei doch nur zu ihrem Besten, mischt sich der moderne Staat in alles ein, und zwar auch gegen den ausdrücklichen Willen der Untertanen. Weil Untertanen häufig unklare Präferenzen haben, sich ihrer „eigentlichen" Interessen angeblich nicht bewußt seien, immerzu „Fehler" in ihrem Leben machten, sei es, so heißt es, die Aufgabe der Obrigkeit, für die Menschen zu sorgen und sie mit einem unsanften Schubs in die richtige Richtung zu befördern. Seit je spekuliert der Wohlfahrtsstaat auf den Konformismus der schweigenden Bequemlichkeit. In der prohibitiven Staatsordnung ist zuletzt kein Platz für jene unzuverlässigen Subjekte, die zu viel trinken und zu viel rauchen, riskante Wetten und schnelle Autos lieben, sich weigern, in marode Versicherungen einzuzahlen und jeder Obrigkeit das Recht absprechen, sich als Sachwalter der Vernunft und des Gemeinwohls aufzuspielen. Vorsorge und Fürsorge sind nur fadenscheinige Versprechen. Der Staat ist weder ein Hort der Vernunft noch der Sittlichkeit noch ist er eine moralische Anstalt. Er hütet kein Gemeinwohl und ist auch keine Quelle väterlicher Geborgenheit. Der Staat ist eine Einrichtung zur Beherrschung der Bürger. Mit dem Umfang der Registraturen und der Zahl der Staatsdiener nimmt die Freiheit der Bürger ab. Fern jedes moralischen Fortschritts kennt die Entwicklung des Staates nur eine Richtung: Vorwärts in der Entmündigung und Enteignung der Bürger! Die Gerechtigkeit, die er zu verwirklichen vorgibt, benötigt immer mehr Gesetze, die Gesetze benötigen immer mehr Bedienstete, und die Bediensteten benötigen immer mehr Geld von den Untertanen, die sich von den Bediensteten zu Unrecht immer mehr Gerechtigkeit erhoffen. Die Festung des Privaten schützt daher nicht nur den Bürger. Sie bewahrt die Staatsmacht vor der Versuchung, sich immer weiter auszudehnen, anstatt sich der einzigen Aufgabe zu widmen, die ihr zukommt: der Sicherung der Freiheit.

6. Reservate des Individuums

Die Integrität des Menschen beginnt nicht mit der Anerkennung seiner Selbständigkeit oder seines Gewissens. Sie hat ihren Kern auch nicht in seiner Würde oder Ehre, sondern in seiner Unberührtheit. Vor der Unverletzlichkeit der Person rangiert die Unantastbarkeit ihrer Haut. Darin liegt das Nervenzentrum alles Privaten.

Nichts fürchtet der Mensch mehr als den Griff von hinten. Plötzlich legt sich schwer eine Hand auf die Schulter, der Körper krümmt sich zusammen, der Kopf reckt sich nach vorn, der Leib duckt sich, um die Angriffsfläche zu verkleinern. Es ist wie das Schlagen einer Beute. Augenblicklich gerät der Körper in einen anderen Zustand. Wie ein Blitz durchzuckt es die Glieder, im Gehirn flirrt es, Hitzestöße fahren durch die Nervenbahnen. Hilflos scheint der Mensch dem Zugriff ausgeliefert. Manchmal versucht er noch sich herauszuwinden, doch meist reicht eine geringe Verstärkung des Drucks auf der Schulter oder im Nacken, um ihn endgültig niederzuhalten. Er wird abgeführt, ohne weiter Widerstand zu leisten. Gefaßt geht er mit, als habe ein einziger Handgriff ihm auf einmal jede Kraft geraubt.

Haut und Berührung

Das Ergreifen geschieht ohne brutale Gewalt. Es fließt kein Blut, kein Gelenk wird verrenkt, kein Muskel, keine Ader, kein Nervenstrang abgequetscht. Niemand wird verletzt. Ein energischer Handgriff genügt, um einen anderen zu unterwerfen. Nicht umsonst gilt eine Urangst des Menschen dem Widerfahrnis fremder Berührung. Der Moment des Ergreifens enthält den ältesten Schrecken. Sofort schlägt die Überraschung in Panik um. Angst und Ohnmacht sind eins.

Dieser Schrecken hat seine Wurzel in der Natur des menschlichen Tastsinns. Die Erfahrungen der Haut sind von besonderer Art. Die Haut ist das, was am tiefsten in uns und was zugleich unsere Oberfläche ist. Auf Berührungen reagiert der Organismus ungleich stärker als auf alle verbalen oder optischen Reize. Kein anderer Sinn kann uns so erregen wie das Getast. Kein anderes Organ löst so starke und gegensätzliche Gefühle aus wie die Haut. Lust, Schauder, Schmerz, Verwirrung sind unmittelbar an die Physiologie der Haut geknüpft. Die Haut umhüllt das Leben, sie ist das größte Organ des Menschen. Sie schirmt ihn gegen Kälte und Hitze ab, ist elastisch, abwaschbar, wasserdicht, gleichzeitig aber extrem reizbar und verletzlich. Sie schließt den Menschen ein, verleiht ihm seine einzigartige Form und bewahrt ihn vor Eindringlingen. Der Hautsinn ist der erste menschliche Sinn, der aktiv wird, und er ist der letzte, der abstirbt. In der Nacht bleibt er wach, auf Empfang gestellt. Die Haut schläft nicht. Wie ein Wachposten hütet sie den Schlafenden. Im Tiefschlaf reagiert sie sofort auf Berührung. Sie läßt den Körper ausweichen oder abrupt hochschrecken.

In der Berührung mit anderen Körpern erlangt der Mensch Gefühle von Geborgenheit, Verbundenheit, aber auch von Abwehr und Widerwillen. Er erlebt die Trennung von Außen und Innen. Die Haut ist eine lebendige Grenze. Sie markiert den Unterschied zwischen Ich und Welt. Unmittelbar vermittelt sie das Erlebnis eigenen Tuns und Leidens. Im Spektrum der Sinne rangiert die Haut in der Mitte. Sie liegt zwischen den Zuständen des Geschmacks und Geruchs und den Gegenständen des Sehens und Hörens. Aber während zu den Dingen, die von den Augen oder Ohren erfaßt werden, stets ein Zwischenraum liegt, trifft die Berührung das Subjekt direkt. Sie läßt keine Gelegenheit zur Flucht. Die fremden Finger ertasten, was dem Eindringling bald gehören wird. Ist das tastende Ergreifen nicht der Vorbote des Schmeckens?

Die Haut ist einer doppelten Empfindung fähig. Über sie erlangt der Mensch die Fähigkeit, nicht nur zu leben und zu erleben, sondern auch sein Erleben zu erleben. In der Selbstberührung gewinnt er ein Verhältnis zu sich selbst. Sie vermittelt ihm ein inneres Bild seiner Gestalt und ein Gespür für seinen Leib. Betastet die rechte Hand die linke, fühlt jene in derselben Weise die Berührung der Rechten. Um so größer ist die Irritation, falls die linke Hand plötzlich nicht mehr die Berührung der Rechten empfindet, weil sie abgestorben ist. Die Rechte hingegen fühlt die linke Hand wie ein lebloses, materielles Ding, nicht mehr als Teil desselben Leibes. Prothesen bedürfen daher oft einer langen Gewöhnung, bis der Fremdkörper an den Leib angegliedert ist. Wird umgekehrt die Haut von einer fremden Hand erfaßt, ohne die Berührung erwidern zu können, ist das Wechselspiel des Tastsinns ebenfalls unmöglich. Auf einmal bekommt der Körper eine fremde Macht zu spüren. Er kann sich an sie anschmiegen, kann sich sträuben oder sich ihr zu entwinden suchen. Die unerbetene Berührung ist eine Geste handgreiflicher Bemächtigung. Sie erfaßt die Person ganz und gar.

Nicht umsonst unterliegt das Berühren in allen Kulturen strikten Konventionen. Nur Liebende und Mütter mit ihren Kindern dürfen einander ungehindert anfassen. Sonst legen detaillierte Regeln fest, welche Körperregionen zugänglich und welche tabu sind. Wenn Menschen einander berühren, ist dies, als sprächen sie einander mit dem Vornamen an. Manche Übergriffe kommen regelrechten Verunreinigungen gleich. In beengten Situationen ist es zwar gestattet, mit den Ellbogen oder Schultern aneinander zu stoßen. Aber die Säfte und Öffnungen des Körpers gelten überall als prekär. Eine freie Zivilisation garantiert den Menschen, daß sie nicht ergriffen oder beschmutzt werden. Sie sorgt für Distanz und zähmt die Begierden.

__Personaler Raum, Besitzreservat__

Die Hülle der Haut bildet den Umriß des Leibes. Sie hält das Individuum in unteilbarem Besitz. Umgeben ist die menschliche Gestalt vom personalen Raum, einer unsichtbaren Sphäre, deren Umfang mit der Populationsdichte, der sozialen und materiellen Situation wechselt. Binnen Sekunden kann sich dieses flüchtige Privatreservat ausdehnen oder zusammenziehen. An einem leeren Ort, einem Eisenbahnabteil, einem Tisch im Restaurant, einem Fahrstuhl hat der einzelne den Platz zunächst für sich allein. Betritt eine zweite Person den Fahrstuhl, verteilen beide den Raum untereinander und beziehen, meist gegeneinander versetzt, eine Position, die leicht zu verteidigen ist - mit dem Rücken zur Wand. Weitere Fahrgäste stellen sich so, daß jedem genügend Terrain bleibt, aber bald veranlaßt jeder Neuankömmling alle anderen, ihre Lage zu verändern und sich neu zu orientieren, bis schließlich alle dicht gedrängt stehen, die Arme eng an den Körper gepreßt, den Kopf zur Seite oder nach unten gewendet, um nicht vom Atem und Blick eines anderen behelligt zu werden. Derart eingezwängt, behandelt jeder den anderen als anwesende Unperson. Unwillkürliche Blickkontakte werden sogleich mit einem freundlichen Lächeln quittiert, das absolute Friedfertigkeit signalisiert. Leert sich der Fahrstuhl von Stockwerk zu Stockwerk, kehrt sich der Zyklus um. Die Menschen treten wieder auseinander, die Abstände vergrößern sich, jeder sucht einen sicheren Platz an der Wand. Der Letzte stellt sich kurz vor der Ankunft des Fahrstuhls nochmals mitten in den Raum, als wolle er für Sekunden noch einmal die Zelle ganz für sich allein besetzen. Der personale Raum schmiegt sich den Gelegenheiten an, seine Grenzen sind beweglich, und dennoch haben die Angehörigen einer Kultur ein präzises Gefühl für Aufdringlichkeit, für die Verletzung des Individuums in der Öffentlichkeit.

Der personale Raum begleitet den Menschen durch die soziale Welt. Diese mobile Schicht seiner Privatsphäre ist direkt mit seinem Körper verbunden. Anders verhält es sich mit den Boxen des Alltags, die man zeitweilig verlassen kann, ohne den Anspruch auf sie aufgeben zu müssen. Sitzplätze in Theatern, Bars oder Klassenzimmern, Liegestühle am Strand oder auf Kreuzfahrtschiffen, Stehplätze im Konzert oder Stadion, die Lesenische in der Bibliothek, die Parkbank am See, der Ecksitz in der Kantine oder im heimischen Garten, der Arbeitsplatz an der Maschine, im Büro, im Fahrzeug, in der Küche – alle diese festen Boxen sind mit einem räumlichen Anspruch gekennzeichnet. Solange der Nutznießer in der Nähe ist, darf niemand sonst die Box belegen. Kleine Markierungen bedeuten den anderen, daß der Platz besetzt ist. Man deponiert Taschen, breitet seine Utensilien aus oder verlagert einen Teil seines Körpers auf den Nebenplatz und demonstriert so jedem, der die Box benutzen will, daß er mit ungnädigen Gesten, wenn nicht gar mit Kontamination zu rechnen hat. Boxen sind relativ stabile Mikroräume des Individuums. Als Stammplätze werden sie freigehalten und bei Bedarf sofort geräumt. Manche Boxen dienen als Arbeitsort, andere nur dem sicheren Aufenthalt. In der mobilen Welt bieten sie dem einzelnen verläßliche Fixpunkte inmitten einer fluktuierenden Öffentlichkeit.

Besitzreservate umfassen die persönlichen Habseligkeiten, welche einem Subjekt direkt zugerechnet werden: Jacke, Mütze, Handschuhe, Zigarettenpackung, Feuerzeug, Regenschirm, Zeitung, Handtasche samt Inhalt. Der Verlust dieser Dinge hinterläßt oft nachhaltige Verwirrung. Die Suche gerät nicht selten aufreibend und zeitraubend. Denn nicht nur der Gebrauchswert der Dinge steht auf dem Spiel, sondern ihr Identitätswert. Nur ungern gibt man die heiligen Objekte des Selbst aus der Hand. Sie werden weder verliehen noch verkauft. Obwohl sie häufig kaum etwas wert sind, begleiten sie das Individuum durch die

Fährnisse des Alltags. Sie bilden das materielle Korsett seiner Identität. Im Wechsel der Situationen sorgen sie für Kontinuität. Sie überdauern die flüchtigen Begegnungen und vermitteln das Gefühl, von vertrauten Dingen umgeben zu sein.

Verletzungen, Verunreinigungen

Auf vielfache Weise können die Territorien der Person verletzt werden, durch Einfälle und Eingriffe, durch Anmaßung, Zudringlichkeit, Unhöflichkeit, durch Beschmutzung oder schiere Gewalttätigkeit. Da sind zunächst die fremden Körper, welche so nahe plaziert werden, daß sie den personalen Raum einschnüren. Da sind die fremden Hände, die nicht im Zaum gehalten werden, der gutgemeinte Klaps auf die Schulter, die unerbetene Umarmung, das heimliche Betasten und Begrapschen. Da sind ferner die bohrenden, starrenden Blicke, die ihr Gegenüber fixieren, abtasten, auffressen. Da ist das Auge der Lüsternheit, das zuerst verstohlen, dann ganz unverfroren sein Opfer entkleidet. Die Dosierung des Blicks ist eine delikate Aufgabe. Zwischen Aufmerksamkeit und Aufdringlichkeit liegen manchmal nur ein, zwei Sekunden.

Da sind ferner die Einmischungen durch Worte und Laute, die störenden Geräusche, das Grunzen, Schmatzen und Schnalzen, das leere Geschwätz, das Gepolter und derbe Gelächter. Einen Fremden anzusprechen, bedarf in zivilisierten Gesellschaften der Erlaubnis, und es sei es nur eines unmerklichen Nickens. Einige Menschenstimmen sind derart durchdringend, daß sie unmöglich zu überhören sind. Sie machen den anderen zum Ohrenzeugen wider Willen. Laute Zeitgenossen merken meist gar nicht, wie sie ihre Umgebung belästigen, mit Handygeklingel und brüllender Konversation, mit aufgedrehten Walkmans, röhrendem Auspuff, dröhnender Musik oder knallenden Türen. Oft ist pure Gedankenlosigkeit die Ursache dieser akustischen

Umweltverschmutzung. Aber als Störenfried gilt meist nicht der lärmende Eindringling, sondern derjenige, der sich beschwert.

Zu den unangenehmsten Verunreinigungen gehören schließlich die Gerüche und Ausscheidungen fremder Körper: Speichel, Schleim, Schweiß, Kot, Blut oder Sperma, Blähungen, schlechter Atem, billiges Parfüm, Speisereste, Flecken auf der Tischdecke. Solche klebrigen oder fluiden Spuren rufen häufig Ekel und Widerwillen hervor. Der Magen dreht sich um, der attackierte Leib wehrt sich, indem er etwas auszuspeien sucht. Er rettet die Grenzlinie zwischen Ich und Welt durch einen unwillkürlichen Impuls des Ausstoßens. Das Ekelhafte ist kein Objekt, das einem entgegensteht, kein Gegenüber, das man hört oder sieht. Es ist von zudringlicher Intimität. Es klebt an der Haut, nistet sich ein, verwischt die Grenze zum Körper, dringt in ihn ein. Der Gestank besetzt die Nase und breitet sich im Innern aus. Davor kann man sich nur mit entschlossenen Gesten schützen. Indem man sich demonstrativ die Nase zuhält, gibt man dem anderen kund, daß man ihn nicht riechen kann.

Etikette, Höflichkeit

Die Achtung der Sinnesreservate ist eine zivilisatorische Errungenschaft, welche ständig gefährdet bleibt. Obwohl die Kulturen verschiedene Kriterien der Unreinheit entwickelt haben, gibt es keine Gesellschaft, die nicht mittels Konventionen, Markierungen und Tabus die Begegnungen der Körper regeln würde. Unter arabischen Männern ist es üblich, sich beim Gespräch intensiv in die Augen zu blicken, auf Tuchfühlung beieinander zu stehen und den Gegenüber zu berühren. Wer einem Bekannten den Atem verweigert, schämt sich seiner. Ein Japaner indes empfindet einen Westeuropäer im Gespräch als aufdringlich, sobald ihm dieser immer näher rückt. Der Europäer wiederum hält den Asiaten für kühl oder abweisend, wenn dieser Zentimeter um Zentimeter zurückweicht. Während in Mitteleuropa eine Distanz auf Armlänge als angenehm empfunden wird, hält man sich in Rußland und einigen Balkanländern bei Begrüßungen häufig gegenseitig die Arme fest. Die Hände sind damit außer Gefecht gesetzt. Bruderküsse auf Wange oder Mund unterstreichen die friedliche Absicht. Unter Angelsachsen würden solche Intimitäten eher den Verdacht sexueller Beziehungen erregen.

Konventionen wechseln mit den Zeiten. Epochen der Höflichkeit weichen Perioden der Vulgarität, in denen gute Manieren als trügerische Parodie, leere Hülle oder lächerliche Fassadenkunst verunglimpft werden. Wenn Spontaneität den Umgang bestimmt, sind die schützenden Rituale außer Kraft gesetzt. Im Namen der Wahrhaftigkeit, der neuen Gemeinschaft oder der revolutionären Brüderlichkeit dürfen die Menschen einander direkt behelligen. Sie rufen ihr Gegenüber beim Vornamen, essen auf natürliche Weise, bedrängen einander mit Liebesergüssen und beichten jeden abwegigen Gedanken. Da das Eigentum nichts gilt, bedarf es auch keiner Gesten der Bitte oder des Dankes. Unter den neuen Brüdern gilt Ekel als Relikt von Snobs. Distinktion und feiner Geschmack gelten als reaktionär. Wenn alle einander lieben, ist Abstand verpönt. Alles gehört allen, und jeder gehört jedem, so lautet das Motto einer Gemeinschaft, in der jeder den anderen mit sich selbst terrorisiert.

Höflichkeit und Etikette halten die Menschen auf Abstand, nicht durch Tugend und Moral, sondern durch das Gebot der Form. Die Regel ist stets früher als die Moral, denn die Tugend erwächst häufig erst aus der Gewöhnung an die Form, durch die endlose, nicht selten schmerzhafte Wiederholung der Vorschrift. Die Sitte geht der Sittlichkeit voraus, Respekt und Nachahmung sind früher als die Pflicht. Alle Verachtung der Manieren verkennt den Wert der Höflichkeit für das Wachstum der moralischen Person. Menschen Moral zu predigen und sie in der Pflicht zu unterrichten, ist vergebliche Arbeit, solange sie

keine Übung darin haben, einander pflichtgemäß auf Abstand
halten. Zwar führt die Manier des Guten nicht zwangsläufig zu
Güte und Dankbarkeit, Rechtschaffenheit und Liebenswürdig-
keit. Aber sie schafft zumindest einen Anschein davon. Sie läßt
die Menschen so erscheinen, wie sie innerlich sein sollten. Und
sie läßt sie einander ertragen, auch wenn sich einander verach-
ten. Höflichkeit verdeckt die natürlichen Unsitten des Gattungswesens. Sie hilft über die traurige Einsicht in dessen bescheide-
ne Grundausstattung hinweg. Denn sie erspart die Erfahrung,
daß die Mehrzahl der Zeitgenossen nur von mäßigem Format
ist. Die Etikette wahrt die Fiktionen der Menschenfreundlich-
keit und erlaubt umgekehrt Kontakte ohne Menschenliebe. Manieren sichern die friedliche Koexistenz, in der Abneigung und
Feindseligkeit eingeklammert bleiben. Höflichkeit verdrängt
den handgreiflichen Übergriff durch die schöne Etikette. Indem
sie die Gebärde zur Geste verfeinert, beugt sie Streit und Gewalt vor. Der Selbstzwang der Sittsamkeit verbirgt die Leidenschaften, und ist doch als Illusion so heilsam, weil er Distanz
schafft. Höflichkeit gleicht Kälte, Roheit und Gleichgültigkeit
aus. Und sie bewahrt vor falscher Intimität und Gemeinschaft.

In kühleren Zeiten rücken die Körper auseinander. Gebote der
Schicklichkeit verlangen, die Gefühle zu zähmen, die Affekte
zu bändigen und die Wechselfälle der Seele voreinander zu verbergen. Statt ungehemmter Offenheit zählen Selbstkontrolle,
Scham und Geheimnis. Einst war es zulässig, in Gegenwart eines anderen auf den Boden zu spucken, und es genügte, den
Fuß darauf zu stellen. Heutzutage wäre es eine grobe Beleidi-
gung, sich mitten im Gespräch seines Mundschleims zu entle-
digen. In ungezwungenen Zeiten darf man gähnen, solange man
will, vorausgesetzt, daß man beim Gähnen nicht spricht. Heute
gilt es in besseren Kreisen als grobe Unhöflichkeit, während eines Gesprächs zu gähnen, bekundet man damit doch, wie lang-
weilig man den anderen empfindet. Der Geruch von fremdem

Schweiß löst bei feineren Nasen Anflüge von Ekel aus, während man es früher auch in den höheren Ständen mit der Reinlichkeit nicht immer so genau zu nehmen pflegte. Duftwässer erfreuten sich größerer Beliebtheit als Wasser, diesem gefährlichen Stoff, der überall einzudringen vermag.

Ist der Körperkontakt reduziert, drohen Anfälle von Scham und Peinlichkeit. Unbeabsichtigte Verletzungen der Distanzgrenzen heilen die Menschen mit Entschuldigungen, Erklärungen oder höflichen Bitten. Soziale Unfälle und territoriale Kollisionen lösen oft einen Ritus der Versöhnung aus, welcher die Ordnung der Körper wiederherstellt und die Ansprüche auf den privaten Raum bekräftigt. Diese Korrekturen geschehen meist reibungslos. Läßt sich der Ärger trotzdem nicht sofort abmildern, greifen Menschen gelegentlich zu „Nachverbrennungen". Während der Missetäter bereits den Tatort verläßt, schimpft der Verletzte halblaut hinter ihm her, so daß es sein Begleiter, nicht aber der Übeltäter bemerkt. Kinder strecken hinter dem Rücken der Erwachsenen die Zunge heraus, machen eine lange Nase oder zeigen den „Stinkefinger". Autofahrer hinter hochgedrehtem Fenster können ihren Gefühlen vor anderen Insassen freien Lauf lassen, während das Haßobjekt längst außer Reichweite ist. Solche Gesten retten die Selbstachtung, die durch jeden Übergriff unmittelbar gefährdet ist. Entzivilisierung der Manieren heißt stets Zerstörung des Privaten. Das Ende der Höflichkeit bedeutet auch den Ruin der Freiheit und der sozialen Sicherheit.

Verhaftung, Visitation

Die Gefahr für die Intimräume steigt dramatisch, sobald Übertretungen mit dem Nachdruck legaler Macht ausgestattet sind. Die klassische Zerstörung des personalen Reservats war immer schon die Verhaftung. Die Obrigkeit bemächtigt sich des Körpers des Untertanen. Die Hand auf der Schulter, der Polizeigriff, Handschellen, der gebeugte Rumpf – häufig gehen Ordnungskräfte ruppiger vor, als es nötig wäre. Mancher Delinquent ließe sich ohne Widerstreben abführen, doch hat die Verhaftung nicht nur den Sinn, ihn in Gewahrsam zu nehmen. Sie soll ihm vermitteln, daß er ganz in den Händen der Macht ist. Das jähe Aufschrecken aus dem Schlaf, die Pranke, die an der Schulter rüttelt, die grellen Taschenlampen nehmen dem Opfer jede Chance zur Gegenwehr. Verhaftungen im Morgengrauen oder im Halbdunkel der Seitenstraßen übermitteln eine beunruhigende Botschaft. Aufmerksame Anwohner wissen sofort, womit zu rechnen ist. Keinesfalls soll der Verhaftete erhobenen Hauptes durch das Spalier der Neugierigen gehen. Umgehend soll er aus der Gesellschaft verschwinden. Auf beiden Seiten wird er untergehakt, sein Kopf wird nach unten gedrückt, im Laufschritt geht es zum Wagen. Auch wenn keine Fluchtgefahr besteht und mit keinerlei Widerstand zu rechnen ist, wird der Körper gefesselt. Mit symbolischen Marken bescheidet sich die Macht nicht. Die Bewegungsfreiheit wird gestrichen, das Berührungstabu aufgehoben. Gegenüber dem Körper eines Verhafteten ist vieles gestattet, was im zivilen Leben sofort lauten Protest auslösen würde. Die Obrigkeit hat nichts zu fürchten. Sie ist weit in der Überzahl. Unmerkliche Stöße in die Rippen, Gebrüll und Flüche reißen den Verdächtigen aus seiner vertrauten Welt. Enge Handfesseln schnüren die Blutzufuhr ab. Manchmal wird er gezwungen, sich zu entkleiden. Nackt ist er der Macht hilflos ausgeliefert. Mit der Zerstörung des personalen Raums wird sie des Individuums habhaft und katapultiert es in völlige Hilflosigkeit.

Häufig geht die Verhaftung mit einer Durchsuchung des Körpers einher. Nicht nur Schränke, Automobile oder Koffer werden durchstöbert. Der Verdächtige muß sich an eine Wand stellen, Arme und Beine weit spreizen, so daß er gefahrlos abgetastet werden kann. Oder er muß seine Taschen leeren und alle intimen Habseligkeiten ausbreiten. Diese Praxis aus der Polizeistation ist mittlerweile auf die gesamte Gesellschaft übertragen worden. Zahllos sind die Orte, wo ganz unbescholtene Zeitgenossen durchsucht werden. An den Ländergrenzen, an den Schwellen zu öffentlichen Räumen, zu Kinos, Bahnhöfen, Restaurants oder Flughäfen durchwühlen Sicherheitsdienste Handtaschen, Rucksäcke, Hosentaschen. Detektoren streichen die Kleidung entlang und schlagen sofort Alarm, wenn sie einen metallischen Gegenstand, einen Schlüssel, ein Taschenmesser oder eine Armbanduhr entdeckt haben. Backscatter zeigen die menschliche Figur völlig unbekleidet und lassen neben unerlaubten Flüssigkeiten und Objekten auch die Proportionen der Person erkennen. Manche Passanten müssen sich sogar einer Leibesvisitation unterziehen. Mit flinken Händen werden sie abgetastet. Noch bevor sie protestieren können, ist die Prozedur erledigt. Aber sie hinterläßt das unangenehme Gefühl, von einem Moment zum anderen fremden Händen ausgeliefert zu sein. Die Habseligkeiten werden befingert und begutachtet, von Handschuhen, die zuvor schon Dutzende, Hunderte privater Utensilien berührt haben. Der Kontrolleur gewinnt einen Einblick in Angelegenheiten, die ihn nichts angehen. Höfliche Wachleute bewältigen die Situation mit einer Entschuldigung oder einer Erklärung über die Unvermeidbarkeit der Prozedur. Andere behelfen sich mit einem Achselzucken oder einem freundlichen Witz. Dritte wiederum distanzieren sich von der ungeliebten Arbeit und suchen spontan ein Bündnis mit dem Kontrollierten. Je geduldiger jener die Kontrolle über sich ergehen läßt, desto einfacher die Überwachungsarbeit. Bei Verdacht wird die Maßnahme jedoch verschärft. Der Delinquent muß sich entkleiden, damit sein Körper inspiziert werden kann. Drogenkuriere transportieren ihre Fracht nicht selten im Magen oder Darm. Wo alle Gepäckstücke durchsucht werden, scheint das Innere des Körpers das sicherste, das letzte Versteck zu sein.

7. Geheimnisse des Körpers

Bevor Menschen anderen unter die Augen treten, korrigieren sie ihr Erscheinungsbild. Sie bereiten ihre Auftritte vor, und sei es nur für die Zuschauer in der eigenen Familie. Das wichtigste Medium sozialer Bühnenkunst ist der Körper, dessen Geheimnisse sorgsam gehütet und der mit allerlei Requisiten ausgestattet wird. Was die Garderobe im Theater, das ist in der Privatwohnung das Badezimmer, ein Ort der Heimlichkeit und Intimität. Auf der Hinterbühne wird die Selbstdarstellung vorbereitet und nach der Aufführung die Maske wieder abgenommen. Hier kann sich das Individuum unbeobachtet inspizieren, die Verformungen seiner Silhouette überprüfen, Hautflecken retuschieren, die Zähne bleichen und das Gesicht verschönern. Manche Zeitgenossen verbringen Stunden in dieser Kultstätte des Narzißmus. Sie erleben manch kritische Augenblicke, wenn alle Schönheitsbehelfe abgelegt sind und sie sich ohne Perücke, Prothese oder Rouge ins nackte Antlitz blicken. Das Kabinett ist ein Ort ungeschminkter Selbstbegegnung. Nicht umsonst ziehen es viele Menschen vor, die Badezimmertür hinter sich geschlossen zu halten. Neben dem Bett ist hier die letzte Zuflucht, wo man die Hüllen fallen lassen und lästige Schamgefühle abstreifen kann.

Scham

Scham hat ihren Ursprung keineswegs in der sozialen Angst vor Demütigung, Verachtung oder Ausschluß. Sie beginnt mit dem Verhältnis des Menschen zu sich selbst, zu seinem Körper. Scham drängt sich auf, überkommt und durchdringt die Person. Sie möchte sich zur Seite drehen, verhüllen, möchte in der Erde verschwinden, sich unsichtbar machen – vor anderen und vor sich selbst. Die Grenzen des Privaten ersparen dem Individuum zwar manche Anlässe sozialer Scham. Sie entziehen die aufreizenden Körperteile, die „private parts", dem allgemeinen Blick. Aber die Abschottung des Intimen bewahrt den Menschen mitnichten vor quälender Selbstprüfung. Nur weil er sich vor sich selbst schämen kann, vermag er sich auch vor anderen zu schämen. Er kann sich nur mit fremden Augen betrachten, weil er sich zuerst mit den eigenen Augen betrachtet. Das Selbst geht dem Sozialen voraus. Die Maskierung des Gesichts, die Verhüllung der Genitalien, die Verkleidung des Körpers, die Jagd nach dem Idealgewicht, all dies dient keineswegs nur als Schamschutz vor anderen. Auch wer gar nicht beabsichtigt, eine Bühne zu betreten, will im Spiegel nicht vor sich selbst erröten. Nicht umsonst gilt die Scham als das Gefühl des Privaten schlechthin.

Scham ruft nach Verschleierung. Eine Zeitlang läßt sich noch aus dem Bewußtsein vertreiben, was nicht ins Auge sticht. Aber zuletzt vermag der Mensch vor sich selbst nur offene Geheimnisse zu haben. Auch wer unerschütterlich seinen Darstellungskünsten vertraut und sich selbst etwas vorzumachen versteht, kann auf Dauer schwerlich übersehen, was sich hinter der Fassade verbirgt. Zuträglicher für das innere Gleichgewicht ist daher die doppelte Geheimhaltung gegenüber anderen. Sie sucht nicht nur einen Makel zu kaschieren, sondern auch die Tatsache, daß überhaupt etwas kaschiert wird, eine Aufgabe, die beträchtliche Achtsamkeit verlangt. Es darf nicht der geringste Fehler unterlaufen. Das Makeup muß so perfekt sein, daß nichts auf die kleinen Korrekturen verweist. Die Kleidung muß so sitzen, daß die unerwünschten Rundungen vollends verschwinden. Die Perücke muß so natürlich abgetönt sein, daß kein einziges Haar das künstliche Requisit verrät.

Nicht anders verhält es sich mit anderen Makeln der Person. Neigungen zu Kokain, Alkohol oder Amphetamin, sexuelle

Perversionen, längere Aufenthalte in der Psychiatrie oder einem Gefängnis - was immer in einem sozialen Kreis als Manko angesehen wird, muß mittels geschickter Informationspolitik versteckt werden. Doch anders als die biographische Vergangenheit sind die Geheimnisse der Gegenwart ständig von Entlarvung bedroht. Der Körper ist sichtbar, die Gelüste fordern ihr Recht, simples Verschweigen genügt als Tarnung meist nicht. Demaskierung zieht fatale Folgen nach sich. Wer erst einmal zugeben muß, daß er etwas zu verbergen hat, reizt sofort die Neugier. Wird schließlich das Geheimnis aufgedeckt, ist die Schamröte unvermeidlich. Zwar wird der peinliche Tatbestand manchmal gnädig übergangen. Aber kurz darauf beginnt das Getuschel, der Klatsch, die Nachrede. Nun wollen die anderen alles wissen, wollen den Vorhang vollends lüften. So enden mißlungene Fassadenkünste in der Katastrophe sozialer Entblößung.

Sex

Zahlreich sind die physischen Geheimnisse. Da sind die stillen Neigungen, die perversen Gelüste, die einsamen Befriedigungen, die Versuchungen der Homophilie, die verschwiegenen Affairen, nicht zuletzt die frei schweifenden Phantasien von Obszönität und Gewalt in den intimsten Augenblicken, in denen man nicht ganz anwesend ist. Nicht nur das Ungesagte rechnet zu den Geheimnissen der Sexualität, sondern auch die handgreifliche Täuschung: der vorgespielte Orgasmus, die Komödie der Innigkeit, der falsche Kuß.

Gegenüber Dritten hüten Paare Geheimnisse mitunter gemeinsam: die vergebliche Jagd nach dem Höhepunkt, die vorzeitige Ejakulation, die chronische Lust- und Empfindungslosigkeit, die Praktiken des Leidens und Quälens, schließlich der verbotene Inzest. Das Geheimnis einer Abtreibung oder eines medizinischen Umwegs bei der Fortpflanzung kann Paare zusammenhalten. Umgekehrt ersparen Beziehungen zu Dritten mitunter innere Zerwürfnisse. Der homosexuelle Ehemann führt ein gespaltenes Leben in und außerhalb der Familie, die enttäuschte Ehefrau wechselt die Geliebten und hält dennoch am sicheren Familienhort fest, um den Schein zu wahren. Früher teilten die Partner ihre Geheimnisse einzeln mit einem Beichtvater, heute suchen sie gemeinsam die Hilfe eines Arztes, Psychologen oder Lebensberaters. Trotz der medialen Kultur der Indiskretion bewegen sich die Menschen nach wie vor auf dem schmalen Grat zwischen Wahrheit und Täuschung, Lüge und Beichte. Sie bewahren sich so viel Unkenntnis und pflegen so viele Irrtümer, wie es für ihr soziales Dasein zweckmäßig ist.

Mit der Verlängerung des Lebens und der Verkürzung der Treue zeigte sich, daß Monogamie eine historische Erfindung für Kurzlebige war. Aber die Rhetorik treuherziger Unbefangenheit bewahrt nicht vor tiefen Verletzungen. Eine Zeitlang propagierte man bedingungslose Offenheit, wenn sich eine Affaire oder ein Seitensprung ergeben hatte. Doch ändert das Geständnis nichts am Verrat, am Vertrauensbruch, am Akt der Herabwürdigung. Schlimmer noch: Das Gebot der Wahrhaftigkeit fordert dem Betrogenen ein hohes Maß an Selbstverleugnung ab. Er soll nicht nur Verständnis aufbringen, sondern das Geständnis des treulosen Partners sogar als Vertrauensbeweis honorieren. Zuletzt beschleunigt die Aufdeckung des Geheimnisses jedoch nur die Einsicht, daß die Liebe sterblich und der Partner ersetzbar ist.

Familien können zu dunklen Orten der Devianz verkommen. Der Mantel des Privaten umhüllt auch die Untat. Gewalt, Mißhandlungen, tödliche Pflichtvergessenheit werden vertuscht, der seelische und sexuelle Mißbrauch von Kindern so lange geleugnet, bis Dritte die Verschwörung des Schweigens durchbrechen und den Fall anzeigen. Trotz strenger Gesetze und öffentlicher

Diskurse ist die Dunkelziffer hoch. Die private Familiensolidarität schützt den Peiniger und läßt das Opfer allein.

Das Recht auf Privatheit findet seine Grenze, wo die Freiheit des Individuums bedroht ist, die Freiheit vor Verletzung, Entwürdigung, Nötigung, Zwang. Die Schweigepflicht des Arztes oder Sozialarbeiters endet vor dem Verbrechen. Heimliche Mitwisser können sich nicht auf Straffreiheit wegen privaten Elends berufen. Wer eine Schändung, Vergewaltigung oder Vernachlässigung nicht anzeigt, verdient keine milde Beurteilung, nur weil er verwandtschaftliche Verpflichtungen hat, in mißlichen Umständen lebt oder weil ihm soziale Unreife attestiert wird. Er hat sich für die Gleichgültigkeit der Unterlassung entschieden und trägt hierfür allein die Verantwortung.

Drogen

Von Geheimnissen umrankt ist auch der Gebrauch verfemter Drogen. Viele Alkoholiker verstecken die Flaschen in einem Winkel und stellen alles mögliche an, um ihre Sucht vor Kindern, Partnern, Verwandten und Nachbarn zu verbergen. An Ausreden und Ausflüchten fehlt es nie, wenn ein neuerlicher Absturz ins Delirium zu erklären ist. Umgekehrt muß die Umwelt alles vor dem Trinker „wegschließen", was ihn verführen könnte. Obwohl die Trunksucht häufig ein offenes Geheimnis ist, zwingt sie beide Seiten zu diskreten Maßnahmen.

Nach Jahrhunderten der Freizügigkeit ist Tabak in vielen europäischen Ländern nur mehr als private Passion geduldet. Alkohol wird zwar noch akzeptiert, aber nur in geringfügigen Dosen. Die offizielle Gesundheitspolitik zeigt zunehmend prohibitive Tendenzen. Regelmäßiger Alkoholkonsum gilt als Suchtkrankheit, ebenso die Verwendung vieler Rauschdrogen. Der Jugendliche, der Tabletten schluckt, Kokain schnupft oder Heroin

spritzt, tut dies meist heimlich, und die Eltern, die ihn dabei ertappen, sprechen nicht darüber oder wählen den Ausweg ins
Berufsgeheimnis des Arztes. Auch wenn soziale Anlässe den
Einstieg in die Szene begünstigen, ist für den Süchtigen das
private Verhältnis zum eigenen Körper vorrangig. Er tauscht
Reiz und Lust nicht mit anderen, sondern erlebt den Genuß
allein mit sich selbst. Im Hochgefühl des „flash" überkommt
ihn ein seltenes, einsames Glück. Rausch ist zuerst ein individueller Zustand jenseits der Gesellschaft. Die Geselligkeit eines
Zechgelages ist kein kollektives Delirium und hinterläßt allenfalls einen Kater. Der Süchtige indes ist mit der Droge allein.
Schwindet die Wirkung, greift er erneut zum Gift, zunächst zur
Wiederholung und Steigerung der Lust, schließlich nur noch
zur Vermeidung der Qualen des Entzugs. Der Weg aus der
Sucht verlangt nicht nur gründliche Entgiftung und den Wechsel des sozialen Umfelds, sondern auch eine radikale Revision
des Selbstverhältnisses. Bleibt der Süchtige derjenige, der er
war, und kehrt er in das Milieu zurück, das ihn zur Droge hat
greifen lassen, ist der nächste Rückfall absehbar.

Schmerz, Freitod

Die düsteren Seiten der privaten Existenz sind kein Tabu mehr.
Über Tod und Krankheit wird viel geredet. Seit der Ausdehnung der therapeutischen Gesellschaft steht für nahezu jeden
Defekt ein Ratgeber oder elektronischer Leidensgenosse bereit.
Sogar für das Sterben kursieren Traktate, die dem Moribunden
Lernschritte zum würdigen Abgang empfehlen. Die Mehrzahl
der Todesfälle ereignet sich mittlerweile außer Haus, in Pflegeasylen oder Kliniken. Der Tod scheint entprivatisiert. Obwohl viele hoffen, die Passage im trauten Heim verbringen zu
können, wird meist im Krankenhaus gestorben. Und obwohl
das nahe Ende häufig zu erkennen ist, sind ältere Praktiken des

Verschweigens weiter in Kraft. Noch immer muß ein Todkranker einen Menschen vorspielen, der nicht sterben wird. Seine Umwelt spielt die Komödie mit, um ihn zu schonen. Das Pflegepersonal verhält sich so, als sei es die Pflicht des Patienten, am Leben zu bleiben, und die ärztlichen Maßnahmen dienen nicht selten dazu, den Verfall zu verschleiern. Besucher scheuen sich, über die Wirklichkeit zu sprechen, und wünschen dem Kranken beim letzten Besuch baldige Genesung, obwohl alle genau wissen, daß der Fall hoffnungslos ist. So bleibt der Sterbende in seiner Angst und Auflehnung allein. Er wird seines Abschieds beraubt und die Gesellschaft ihrer Trauer.

Schon der physische Schmerz, der nicht direkt zum Tode führt, vertreibt das Individuum aus der Öffentlichkeit. Er schließt den Menschen in sich, im Kerker seines Leibes ein. Der Schmerz ist das erste principium individuationis. Er kann zwar ausgedrückt, aber nicht dargestellt oder mitgeteilt werden. Hartnäckig widersetzt er sich der Kommunikation. Die verzerrte Grimasse, das Zusammenziehen des Rumpfs, das Stöhnen der Kreatur, diese Gebärden stellen den Schmerz nicht dar, sie sind selbst der Schmerz. Um sich nichts anmerken zu lassen und seinem Gegenüber Scham und Hilflosigkeit zu ersparen, beißt der Schmerzgeplagte die Zähne zusammen. Er weiß aus Erfahrung, daß er die Qual mit niemandem teilen kann. Niemand kann seinen Zustand nachempfinden, allenfalls können andere sich eine Empfindung dieses Zustandes vorstellen. Zwischen dem Erlebnis des Schmerzes und dem Verstehen des Schmerzes klafft eine ganze Welt. Schmerzen zu verbergen hat daher einen doppelten Sinn: Es entlastet die anderen von der Mühsal vergeblicher Empathie, und es erspart dem Kranken die trostlose Erfahrung eigener Verlassenheit. In dem Augenblick, da er am dringendsten fremder Hilfe bedürfte, ist er im Käfig seines Körpers eingeschlossen.

Ins Reich privater Geheimnisse gehören auch die Sterbehilfe und der Freitod. Entgegen offiziellen Verlautbarungen wird im medizinischen Dunkelfeld die Euthanasie häufiger praktiziert, als es zugegeben oder vermutet wird. Man verzichtet auf Arzneien, die das Ende weiter verzögern würden, drosselt Hilfeleistungen, unterläßt weitere Wiederbelebungsversuche oder erhöht die Dosis der Schmerzmittel, um das Finale abzukürzen. Den Angehörigen wird eine beschönigende Geschichte von den letzten Momenten erzählt, worauf diese erleichtert sind, daß ihnen der Anblick des Endes erspart geblieben ist. Einige Todkranke, die noch bei Sinnen sind, verbitten sich weitere therapeutische Hartnäckigkeiten, und manchmal entspricht der Arzt diesem Wunsch, weil er unnötige Kosten vermeiden oder dem Patienten einen letzten Dienst erweisen will. Zwischen Pflegepersonal, Angehörigen, Arzt und Todeskandidat herrscht oft ein Zwielicht, in dem jeder das offene Wort scheut und insgeheim auf das Gewissen des anderen hofft. Eine juristische Formalisierung durch Gesetze, Erklärungen, Beglaubigungen oder Zeugenaussagen wird dieses Halbdunkel des Privaten schwerlich aufhellen. Denn zuletzt sind Tod und Sterben keine Angelegenheit des Rechts oder des Staates, sondern des Individuums.

Keine menschliche Handlung könnte rätselhafter sein als der freiwillige Tod. Allein der Suizidär weiß, weshalb er sich das Leben nimmt. Sein Tod hinterläßt eine Leere, welche die Hinterbliebenen sofort mit Gefühlen, Phantasien und Erklärungen aufzufüllen suchen. War es ein Akt der Auflehnung, der Aufopferung oder des Appells, der Flucht oder Resignation? Nachträglich wird nach Vorzeichen gesucht, nach Motiven und Ereignissen, welche den Ausschlag gegeben haben könnten. Manche Selbstmörder haben, so zeigt sich dann, ihren Tod lange bedacht und insgeheim vorbereitet. Andere jedoch muß es plötzlich überkommen sein, dieser wirbelnde Sog, der den Menschen über die Grenze zieht. Da steht einer wie gewohnt morgens auf, frühstückt mit der Familie, packt seine Aktentasche, schließt die Tür hinter sich und erkennt auf einmal, daß es genug ist.

Der Selbstmord ist die privateste, die antisoziale Tat schlechthin. Nichts kann die Öffentlichkeit mehr herausfordern als eine Handlung, welche die individuelle Freiheit verwirklicht, indem sie den Menschen definitiv von der Gesellschaft losreißt. Die Selbsttötung bedeutet die radikalste Aufkündigung des Sozialen, die sich denken läßt. Sie ist ein Skandal für die Gesellschaft, welche daher umgehend ihre Experten in Stellung bringt, um psychische Defekte, soziale Mißstände oder genetische Vorprägungen für die unwiderrufliche Tat verantwortlich zu machen. Der Wille zum Tod entspringe, so die landläufige Erklärung, depressiver Verstimmung, sozialer Isolation, politischen oder wirtschaftlichen Krisen. Nicht länger werde die soziale Existenz von Gewohnheiten gestützt. Die Gesellschaft sei zu einer Einöde des Zufalls verkommen, ohne den Schutz der Gemeinschaft, ohne den Halt dauerhafter Pflichten. Der Zustand sozialer Gesetzlosigkeit führe schließlich in die persönliche Katastrophe. Denn der Preis der Freiheit sei die Verlassenheit.

Ist damit das Skandalon des freiwilligen Todes erklärt? Der Verweis auf das seelische oder soziale Schicksal soll Ängste im Zaum halten. Indem man die Willkür des finalen Aktes zur sozialen Herausforderung umdeutet, beraubt man ihn seines Eigensinns. Über die Beweggründe des Suizidärs ist damit wenig gesagt. Warum der eine den Ausweg ins Nichts wählt und der andere trotz gleicher Gemütslage nicht, weshalb einer untätig bleibt, während der andere Hand an sich legt, was in der letzten Stunde im häuslichen Badezimmer, im fremden Hotelbett, im Auto auf der Landstraße oder auf der Brücke geschieht, darüber vermag niemand Auskunft zu geben. Zwar scheinen nur wenige Selbsttötungen dem Modell des Bilanztods zu genügen. Aber wem kommt überhaupt das Recht zu, für andere

Menschen Kriterien aufzustellen, wann ein Freitod statthaft ist und wann nicht?

Ermittlung, Enthüllung

Geheimnisse reizen zur Aufklärung. Die Masken des Körpers wollen heruntergerissen, heimliche Perversionen aufgedeckt, die Ursachen der Leiden aufgehellt werden. Seit je sind die Blicke der Sittenwächter auf die intimen Tatsachen gerichtet. Mit vielfältigen Tabus sind die Grenzregionen zwischen Natur und Kultur belegt, zwischen Leben und Tod, Irrsinn und Vernunft. Wo es um das animalische Leben geht, um die Verschmelzung der Körper, die Exzesse des Deliriums, die Sterblichkeit des Organismus, da ist die menschliche Kreatur eine Gefahr für die moralische Ordnung. Dagegen richtet sich der Sittenkodex des Kollektivs. Er markiert die Schwellen der Scham und des Verbots, und er zwingt das ungezähmte Menschentier in den Käfig der Normalität.

An der Mauer des Geheimnisses prallt der Blick der Sittenapostel ab. Scham und Verstocktheit sind keineswegs die Folge einer Repression der Triebe, eines unnachsichtigen Redeverbots, das von der moralischen Obrigkeit verhängt worden wäre. Pastoraltheologie, Zivilrecht, Pädagogik und Medizin sind vielmehr Agenturen der Ermittlung und Enthüllung. Nicht auf Verdrängung ins private Dunkelfeld sind sie aus, sondern auf die Entdeckung aller Details, auf die Beichte der Fehltritte, die Denunziation der Verstöße. Lautstark wettern die Verfechter der Offenheit gegen die vermeintliche Heuchelei, klagen redselig über das angeblich verordnete Schweigen und berichten in allen Einzelheiten von dem, was nicht gesagt werden darf. Unablässig fordern sie Geständnisse und pochen auf den Pflichten zur erotischen Korrektheit. Liebe, Rausch und Tod sind von Empfehlungen und Verboten eingekreist. Ob prüde oder freizügig, stets ist es dieselbe indiskrete Neugier, die das unheimliche Laster aufklären will.

Die Grenzen des Verbots sind variabel. Im Lauf der Jahrhunderte haben sie sich mehrfach verschoben. Zwischen den Perioden der Sittenstrenge kam es wiederholt zu befristeten Rückfällen ins Paradies der Zwanglosigkeit. Epochen der Freizügigkeit wie die späte Renaissance, das Rokoko oder die Postmoderne wechselten ab mit Phasen moralischer Rigidität. Jede Zeit sucht nach einem neuen seelischen Gleichgewicht, nach einer Balance zwischen Entblößung und Verhüllung, zwischen Prüderie und Offenherzigkeit. Zudem ist der gesellschaftliche Schambereich mitnichten homogen. Neben Regionen der Tugendhaftigkeit gibt es Felder der Unbekümmertheit. Zwischen Bett und Badezimmer, Bordell und TV-Studio ist die Scham ganz ungleich verteilt.

Nacktheit

Über Jahrhunderte galt Nacktheit als moralische Schande und das Fleisch als schwach, hinfällig und unrein. In den Klöstern, diesen frühen Exerzierstätten der Disziplin, entwickelten die Mönche eine Lebensweise, die sich erst spät als gesellschaftlicher Standard verbreiten sollte. Sie schliefen in getrennten Betten bei ständig brennenden Kerzen, trugen Nachtgewänder und erlegten sich allerlei Verrenkungen auf, um sich beim Kleidungswechsel keine Blöße zu geben. Nacktheit zeugte von Begierde und Erniedrigung. Sie bedeutete Rückzug und Ausschluß vom sozialen Leben. Das nackte Weib, das war die Verkörperung der Wollust; der nackte Mann, das war der wilde Barbar, nahe am Wahnsinn. Verurteilten wurden die Kleidung heruntergerissen, wenn es zur Richtstätte ging.

Gleichzeitig legte man zeitweise eine gewisse Unbekümmertheit an den Tag. An den Höfen war der Anblick einer nackten Wade manchmal schockierender als die entblößte Brust einer Dame. Zahllose Anstandsbücher und Kompendien der Galanterie suchten die Peinlichkeit zu regeln. Man erörterte die guten Sitten am Theater, nahm Anstoß am Nacktbaden, diskutierte die Schicklichkeit von Eheschließungen. Je höher man auf der sozialen Stufenleiter stand, desto größer das Recht auf Schamlosigkeit. Wie Gott war auch der Sonnenkönig in Versailles den Regeln des Anstands enthoben. Er konnte sich nackt zeigen, auf dem Nachtstuhl Audienzen geben oder vor aller Augen das Hemd wechseln. Jede private Handlung war eine Staatsaktion. Vornehme Damen und Herren durften rangniedrigere Personen im Bad oder auf dem Toilettenstuhl empfangen. Der Bürger hingegen hatte sich vollständig zu verhüllen. Niemals durfte er einer Respektsperson unbekleidet vor die Augen zu treten. Nicht Nacktheit, die Maskerade zeigte Demut und Respekt.

Im bürgerlichen Zeitalter erhielt die Scham eine besondere moralische Bedeutung. Selbstzensur nahm die soziale Ächtung vorweg. Die Sitte verfestigte sich zur Sittlichkeit. Das neue Gewissen, kräftig unterstützt vom Berufsstand der Ärzte und den städtischen Agenten der Hygiene, gestattete eine gewisse Lockerung der Strafgesetze. Laster, Sünden und Untugenden blieben von Verfolgung frei, solange sie die Gesellschaft nicht gefährdeten. Auf Unzucht, Inzest oder Sodomie standen nun keine schweren Leibesstrafen mehr. Nur die Ahndung der Pädophilie wurde kontinuierlich verschärft. Dem adligen Kult der Vorfahren setzte das Bürgertum den Kult der Nachfahren entgegen. Das Kind war nicht mehr nur Leibesfrucht und Träger des Namens, sondern Erbe des Vermögens und der eigenen Ambition.

Einen Ausgleich für den verklemmten Alltag bot die Halbwelt der Frivolität. Dort frönten die Damen kostspieligen Launen und pflegten ihre zarte Haut mit Bädern in Milch, Champagner oder Erdbeersaft. Kleine Wellen der Pornographie unterspülten die Bastionen der Züchtigkeit. In der Damenmode blieb im Korsett die verdrängte Erotik lebendig, die Dekolletés wurden großzügiger, Abendgesellschaften heiterten sich mit der schaumgeborenen Venus und ihren Nymphen auf, die rauschende Atmosphäre der Belle Époque brachte den Striptease hervor, und trotz aller Skandale und Schauprozesse entdeckten die Künste die Nacktheit neu.

Gegenwärtig scheint sich die Schamlosigkeit endgültig durchgesetzt zu haben. Nacktheit erregt kaum Anstoß, das öffentliche Gerede über Intimitäten hinterläßt kein Gefühl der Peinlichkeit. Freiwillig lassen sich Menschen von Millionen interessierter Fernsehzuschauer bei sämtlichen Körperverrichtungen beobachten, gegen Entgelt und gegen die Aussicht auf flüchtige Prominenz. Vor laufender Kamera präsentieren sie ihre privaten Vorzüge und Vorlieben, und sei es nur ein kurioser Intimschmuck oder eine markante physische Ausstattung. Rund um die Uhr präsentieren Studiogäste die Details ihres Privatlebens und erörtern vor den Augen der Nation jede Belanglosigkeit. Das Publikum ist interessiert, denn der Alltag ist weit weniger freizügig, als es Medien oder Werbung suggerieren. Das Bestreben, den Beischlaf fremden Augen zu entziehen, ist so weit verbreitet wie je. Auch wenn mehr Haut zu sehen ist, so ist die Schamgrenze nur verschoben. Der sichtbare Körper wurde weitgehend entsexualisiert, sogar die Genitalien haben ihren erotischen Reiz gelegentlich schon verloren. Fromme Zuwanderer mögen die westliche Kultur für schamlos halten, aber ihre Bewohner erröten wie eh und je, nur nicht angesichts unverhüllter Körper am Strand. Dieselbe Person, die regelmäßig auf öffentlichem Gelände ihren gesamten Körper in der Sonne bräunt, schaltet zuhause das Licht aus, wenn es intim wird.

Biopolitik

Die größte Gefahr für die Geheimnisse des Körpers sind nicht die Selbstentblößungen der Menschen, sondern die staatlichen Zugriffe auf die organischen Grundlagen der Gesellschaft. Der Staat steckt Raum und Zeit ab, in denen er die Menschenkörper verteilt. Noch vor der Geburt erfaßt er das künftige Leben. Unter dem Vorwand sittlicher Oberaufsicht dringt er immer tiefer ins Fleisch ein. Schon bei der Kontrolle der Abtreibungen geht es keineswegs um den Schutz ungeborener Untertanen vor ärztlicher oder elterlicher Willkür. Zeugung, Schwangerschaft und Nachkommenschaft sind öffentliche Angelegenheiten der Biopolitik. Immer wieder sucht sie die Privatheit des weiblichen Körpers aufzuheben. In jüngster Zeit sind auch Befruchtung und Zellwachstum ins Blickfeld der Obrigkeit geraten. Die Debatte um Embryonen, Biopatente oder Gentests ist mitnichten nur eine Frage der Ethik. Zuletzt entscheidet der Souverän, wann menschliches Leben beginnt und wann es endet. Hinter der Rhetorik der Menschenwürde agiert eine Verwaltungsmacht, die es auf die Produktion und Überwachung des menschlichen Organismus abgesehen hat. Früher oder später wird sie die genetische Ausstattung zum Kriterium für die Verteilung der Bürger- und Leistungsrechte machen. Der Alptraum der Ordnungsmacht jedoch wäre die - biotechnisch noch ganz unwahrscheinliche - Vervielfältigung der Individuen. Vor einer Gesellschaft geklonter Doppelgänger müßte jede Überwachungskamera und jedes Polizeilabor kapitulieren.

Die Obrigkeit betreibt Bevölkerungspolitik und subventioniert die Fortpflanzung, falls das Staatsvolk auszusterben oder junge Staatsdiener Mangelware zu werden drohen. Sie fördert Familien mit den Steuergeldern anderer Untertanen, propagiert die Vermehrung oder verhängt notfalls Geburtenkontrollen in den Regionen der Überbevölkerung. Kampagnen zur Hygiene, Volksgesundheit und kollektiven Diät gehören ebenso zum Programm des modernen Sozialstaates wie die Ahndung des Deliriums und die Formung der Körper. Die Obrigkeit regelt den Verkehr der Geschlechter, erläßt Verbote für sexuelle Abweichungen, bestraft die Laster. Wer falschen Genüssen frönt oder ungewöhnliche Wagnisse eingeht, muß Strafgebühren zahlen. Wer sich nicht an die Vorschriften der Gesundheit hält, wird registriert und bloßgestellt. Als Erbe des Klerus hat sich der moderne Staat die Aufgabe gestellt, die Sitten zu hegen und tugendhafte Individuen hervorzubringen.

Auch am Ende der Lebenszeit greift die Macht ein. Daß sich ein Untertan selbst verabschiedet, nimmt der Staat zwar straflos hin. Jede Macht endet an der Souveränität des Menschen über seine eigene Existenz. Aber Hilfe auf der letzten Passage oder das Recht auf ein erträgliches Sterben nach eigener Wahl wird dem Bürger verwehrt. Nicht das gute Leben ist der Maßstab, sondern das Fortleben um jeden Preis. Es ist, als wollte die Macht ihre Untertanen erst entlassen, wenn ihnen das Herz still steht. Nur wenn ein Sterbender größeren Nutzen abzuwerfen verspricht, wird der finale Zeitpunkt vorverlegt. Für die Entnahme verpflanzbarer Organe ist nicht der Herztod, sondern der Hirntod maßgeblich. Im Zustand zwischen Leben und Tod darf der Leib ausgeweidet werden. In der Definition des Todes beweist der Souverän seine Macht. Irgendwann werden die inneren Organe der öffentlichen Gewalt gehören.

Einst galt eine Herrschaft als totalitär, wenn sie alle Bereiche des gesellschaftlichen Lebens besetzt hielt. Die moderne Biomacht begnügt sich nicht mit der Eroberung der sozialen Verhältnisse. Sie erfaßt die Menschen als organische Lebewesen. Schon vor dem ersten Atemzug bemächtigt sie sich der Körper, vergibt und verweigert Lebensrechte. Dieser sanfte und gesetzestreue Totalitarismus zerstört die private Existenz in ihrem physischen Zentrum, in der Unantastbarkeit des Körpers und der menschlichen Natur.

9. Private Räume

Das Gehäuse des Privaten schützt vor den Schrecken des Nichts. Es verspricht Dauer und Bestand. Seine innere Ordnung scheint garantiert. Hier sind die Leidenschaften gezähmt, hier kann das Leben einen ruhigen Gang einschlagen. Das private Heim ist der Ort sozialer Verwurzelung. Seine Bewohner wissen, wohin sie gehören, wo sie bleiben können. Hier sind sie zu Hause. Aber das Domizil ist auch eine wirtschaftliche und politische Tatsache. Neben Liebe und Gemeinsamkeit bestimmen auch Macht, Streit und Geld das häusliche Leben. Eine Familie gründen heißt, einen Hort einzufrieden, der Unabhängigkeit garantiert. Aber der Privatraum ist auch Besitz, Objekt der Investition, ein Erbe aus Stein, ein Reich für sich, in dem man sein eigener Herr ist und das obendrein die Teilnahme an der politischen Öffentlichkeit erlaubt. Kein Wahlrecht ohne festen Wohnsitz.

Das „traute Heim"

Das harmonische Ideal des trauten Heims, dem viele Zeitgenossen noch immer anhängen, war zweifellos einem Klassenprivileg geschuldet. Das Bürgertum des 19.Jahrhunderts vermochte eine Mauer um seinen Intimitätshaushalt zu errichten. Es wohnte komfortabel und besaß Vermögen. Die Empfangsräume waren vom Refugium der Familie getrennt. Hinter der Eingangstür lag das Foyer. Hier wurden die Besucher sortiert und aufgehalten. Wer nicht eingeladen war, kam nicht weiter. Im Eßzimmer präsentierte sich die Familie ihren Gästen. Bei Tisch wurden Geschäfte abgeschlossen oder Ehen gestiftet. Doch kam die Familie hier auch zum täglichen Plausch zusammen. War das Essen beendet, nahm die Frau eine Stickerei zur Hand, der

Mann eine Zeitung und die Kinder ihr Spielzeug. Im Salon empfing die Dame des Hauses, im Billardzimmer traf der Hausherr Freunde und Partner. Kinder durften den Salon nur bei Besuch betreten. Familienphotos hatten hier keinen Platz. Umgekehrt war das Elternschlafzimmer für fremde Augen tabu. Die Küche lag im hintersten Winkel. Die Gerüche von Spülstein, Ausguß und Abfalleimer beleidigten die Nasen. Vor der Einführung privater Badezimmer und Wasserklosetts hatten viele Häuser nur ungeheizte Ecken, wo Schüssel, Wasserkrug und Bidet standen. Schwemmkanalisation und Wasserspülung mußte die Obrigkeit häufig per Dekret durchsetzen. Nicht wenige Hausbesitzer protestierten gegen diese Attacke auf die Freiheit zur Unreinheit. Sie zogen es vor, weiterhin mit schmutzigen Händen zu leben, üble Gerüche zu erdulden und ihre Exkremente zu privatisieren.

In krassem Gegensatz zum gestaffelten Privatraum der bürgerlichen Wohnwelt standen die kärglichen Verhältnisse der unteren Klassen. Bauern hausten meist in schäbigen Hütten mit Wänden aus Lehm, Stroh oder Heidekraut. Die Behausungen bestanden oft aus einem einzigen Raum. Er war Küche, Schlafkammer und Eßzimmer, Keller und Speicher, Stall und Schober in einem. Hier war neben der Familie oft auch das Vieh untergebracht. Vorräte und Arbeitsgeräte wurden hier gelagert. Eine große Kinderschar konnte eine solche Hütte nicht beherbergen. Jugendliche mußten sich daher verdingen oder fortziehen, um ihren Lebensunterhalt zu verdienen. Wurde der Hunger allzu drückend, suchten viele Arme ihr Heil in der Flucht. Sie zogen in andere Landstriche oder in die Stadt, wo man sie nicht selten hinter Schloß und Riegel setzte.

Auch die städtischen Massenquartiere waren Infektionsherde, übervölkert, schlecht belüftet, ohne fließendes Wasser. Viele Familien hatten nur ein Zimmer. Entlang den Wänden standen die Betten, ein Tisch, Schränke, ein Gestell mit dem Gaskocher, in der Ecke die Nähmaschine. Quer durch das Zimmer waren Wäscheleinen gespannt. Auch hier teilte man seine Privatsphäre mit anderen Bewohnern. Die Mauer schirmte zwar den häuslichen Bereich gegen die Gesellschaft ab, es fehlte jedoch der Platz für individuelle Reservate. Man schlief nicht allein, die geringste Unpäßlichkeit wurde sofort bemerkt. Für eine eigene Ecke war kein Raum. So mußte man inmitten der Familie seine persönlichen Gegenstände in der Hosen- oder Jackentasche bei sich tragen.

Mit dem Rückzug ins traute Heim nahm das Bürgertum Abstand vom gemeinen Volk. Die „Verhäuslichung" grenzte das Leben von der Straße und vor den unteren Klassen ab. Erst in der zweiten Hälfte des 20.Jahrhunderts erlangte auch die Mehrheit der Bevölkerung erweiterte Privatsphären. Die Räume wurden größer, Intimität wurde demokratisiert. Auch Sozialwohnungen erhielten Innentoilette und Badezimmer. Das Eigenheim im Vorort, umgeben mit Gärtchen und Zaun, wurde für viele erschwinglich. Mittlerweile ist ein eigenes Zimmer auch in Unterkünften der Kleinbürger nicht unüblich.

Das traute Heim war meist der Gruppenraum einer Familie oder Wohngemeinschaft. Sein Schutz hat einen triftigen Grund. Nur in einem umfriedeten Bezirk können Menschen intime Beziehungen pflegen, ihre Gefühle ungehindert ausdrücken und sich einander hingeben. Nur in einem geschützten Binnenraum können sie die Rüstungen der Selbstbehauptung beiseite legen und sich verletzbar zeigen. Das Familienleben ist geprägt von Liebe und Verpflichtung, von Rücksicht und Fürsorge, gelegentlich aber auch von Ignoranz, Leidenschaft und Streit. Im trauten Heim können Konflikte besondere Schärfe gewinnen, wenn Dritte als Vermittler ausfallen. Die gegenseitige Kenntnis der Blößen erhöht die Verletzungsmacht um ein Vielfaches. Trotzdem können Menschen nur in einem garantierten Schutzraum ihre intimen Verhältnisse so gestalten, wie sie es wollen, ohne

Einmischung durch Sittenwächter, ohne den wachsamen Blick der Nachbarn oder einer Behörde.

Intimität

Neben den Gruppenräumen gibt es Refugien der Intimität, die allein dem Individuum vorbehalten sind. In der gemeinsamen Wohnung geraten persönliche Atmosphären rasch in Konflikt. Im Schoß der Familie regt sich der Abscheu vor den Gerüchen der anderen. Die Scham vor fremden Blicken verstärkt den Wunsch nach Abstand und Vereinzelung. Zuerst diente der umfriedete Garten als diskreter Ort für amouröse Erfahrungen und vertraute Geselligkeit. Das Schlafzimmer beherbergte nicht nur das Bett, diesen Schauplatz ehelicher Leidenschaften und Brutstätte mephitischer Ausdünstungen, sondern auch die privaten Schätze, das Geschmeide, die Bücher, Wandschirme und Silberwaren. Das mit Schloß und Riegel gesicherte Studio war dem Hausherrn vorbehalten. Kinder hatten zu diesem Heiligtum keinen Zutritt. Für Lektüre, Buchführung und Gebet genügten Tisch und Stuhl. Doch dann wurden im Arbeitszimmer auch private Sammlungen aufbewahrt: Münzen, Medaillen, Steine. Später wurde das heimische Büro mit allen Utensilien der Schreib- und Bildschirmarbeit ausgestattet, garniert mit persönlichen Souvenirs, Trophäen und Bildern.

Von diesen Refugien sind nur der Arbeitsraum, das Privatzimmer und das kleine Appartement geblieben, das in Großstädten rapide Zuwachsraten verzeichnet. Das eigene Zimmer entzieht den einzelnen dem Blick der Mitbewohner. Wie das Appartement ist es ein Schutzraum für ein unbeobachtetes Leben. Hier muß man keinen fremden Blick auf sich spüren. Der Fluchtraum erlaubt Pausen von der Gesellschaft und Ruhe für sich selbst. Man kann seinen Neigungen frönen, seinen Tagträumen nachhängen, geheime Projekte schmieden, seinen Körper pflegen oder sich dem Nichtstun überlassen, ohne von jemandem zum Handeln, Sprechen oder zum Arbeiten angehalten zu werden.

Im Refugium bestimmt man allein, von welchen Gegenständen man umgeben sein will. Das Interieur unterliegt einem Nutzungsmonopol. Die persönlichen Dinge geben dem Raum den Charakter unauffälliger Vertrautheit. Manche Objekte sind unersetzbar. Ihr Marktwert mag gering sein, ihre persönliche Bedeutung indes ist so hoch, daß eine Beschädigung als schwerer Verlust empfunden wird. Das Lieblingsspielzeug des Kindes, das Erbstück oder Erinnerungsphoto des Erwachsenen, der alte Sessel, die Kommode – über Jahre, wenn nicht Jahrzehnte haben diese Dinge den personalen Nahraum geprägt. Der Körper bewegt sich zwischen ihnen mit traumwandlerischer Sicherheit. Der Raum ist so eingerichtet, daß man sich selbst darin eingerichtet hat. Selbst im Dunkeln wissen die Hände, wo sich die Dinge befinden, der Körper kennt die Abstände und Durchgänge genau. Der Leib wohnt dem Raum ein. Jeder unerbetene Eingriff in diese Ordnung der Dinge beschädigt die persönliche Lebenssphäre. Das Gebot der Unverletzlichkeit der Wohnung hat seinen Sinn zuerst im Schutz dieser vertrauten Welt mit all ihren bekannten Regeln und Objekten.

Es widerspricht dem nicht, wenn technikbegeisterte Exhibitionisten ihre Privaträume im Internet öffentlich zur Schau stellen. Rund um die Uhr lassen sich sogenannte „Webcammer" von Videokameras aufnehmen, welche die Bilder direkt ins Netz senden. Manche versuchen ihren Lebensunterhalt durch private Peep-Shows aufzubessern, andere nutzen das technische Medium zur Kontaktaufnahme. Indem sie ihr persönliches Interieur öffentlich präsentieren, berauben sie sich freiwillig ihrer Zufluchtsstätte. Allerdings setzt diese leichtfertige Freizügigkeit die Existenz eines Privatraums bereits voraus. Keinen anderen Raum könnte der Webcammer fremder Neugier und Lüsternheit

offenbaren. Es bleibt ihm unbenommen, wann er seine Kamera
an- oder abstellt und ob er jeden Winkel seines Refugiums so
ausleuchtet, daß alles sichtbar wird. Er allein entscheidet zuletzt
darüber, wie er sich öffentlich zeigt.

Auto

Häuser, Wohnungen und Zimmer sind stationäre Refugien. Mit
dem Automobil steht den Menschen ein Gefährt zur Verfügung,
das sie wie ein privates Interieur ausstatten können. Im Zimmer
auf Rädern kann man der häuslichen Enge entfliehen und die
Welt bereisen, ohne die Sicherheit des Vertrauten aufgeben zu
müssen. Unabhängig von Fahrplänen und Flugrouten bringt das
Auto seine Insassen, wohin sie wollen. In dem höhlenartigen
Raum bewegt man sich frei und anonym durch die Öffentlichkeit, solange zumindest, wie kein Verkehrsstau die freie Fahrt
blockiert. Mittlerweile können auch Serienautos individuell
ausgestattet werden. Die Farben der Stoffbezüge, des Lacks und
der Fußmatten, Räder und Felgen, Spoiler, Chromleisten, Aufkleber, elektronische Extras und digitale Apps können aus einer
breiten Palette ausgewählt werden. Radio, CD- und MP3-Spie-
ler sorgen für die erwünschte Geräuschkulisse; Telefon, WLAN
und Navigationssystem sichern den Kontakt in die Ferne. Über-
formungen der Sitze, Talisman oder Blumenschmuck über dem
Armaturenbrett, Abziehbildchen, Ortsembleme, Werbeslogans
oder politischen Formeln, Häkelkissen oder Wackeldackel am
Heckfenster, so stereotyp manches Zubehör aussieht, es verleiht
dem Innenraum eine persönliche Note. Die Liste der Extras ist
so lang, daß jedes Individuum sein persönliches Fahrzimmer
ausgestalten kann. Das Auto ist nicht nur ein Mittel der Selbstdarstellung im Kampf um Status und Prestige, es ist auch ein
Refugium mobiler Intimität. Als Gefährt ist es ein öffentliches,
als Raum ein privates Objekt. Obwohl von außen einsehbar,

kann man an der Ampel ungestört Zähne, Nase oder Ohren säubern, die Lippen nachziehen oder die Frisur richten. Von der Konversation dringt nichts nach außen, und manchmal dient das Auto auch als Ersatz für das heimische Bett, für eine Ruhepause unterwegs oder für erotische Abenteuer.

Transparenz, Wanzen, Kameras

Private Räume sind vielfach verletzbar. Neben sozialen Attakken können auch materielle Maßnahmen die Eigensphäre zerstören. Eine transparente Architektur, die Zwischenwände einreißt oder durch Glasflächen auflöst, setzt das Leben fremden Blicken aus. In vielen Kulturen markieren Grenzsteine, Türen oder Tragbalken den Übergang von einer Welt zur anderen. „Die Schwelle überqueren" bedeutet, einen anderen Bezirk zu betreten. Auch wenn keine Reinigungsriten mehr in Kraft sind, so hat auch in der profanen Privatwelt von heute der Schwellenwert solcher Übergänge überlebt. Anzuklopfen und um Zutritt zu ersuchen, spricht nicht nur von konventioneller Höflichkeit. Diese Geste bezeugt auch einen Sinn für Raumdifferenzen. Er wird zunichte, wenn im Namen der Gemeinschaft die Türen ausgehängt werden und jeder freien Zutritt in jeden Raum erlangt, auch ins Bad- oder Schlafzimmer. Die Mißachtung der Übergänge bedeutet auch eine Mißachtung persönlicher Schambezirke. Die Kultur der Offenheit, die alle privaten Grenzen aufheben möchte, ist ein brutaler Eingriff in die Sphäre der Person. Offene Häuser und Räume setzen eine Kultur des Respekts und der Diskretion voraus. Sie sorgt dafür, daß Türen als geschlossen gelten, auch wenn sie gar nicht existieren, daß Rolläden nicht herabgelassen werden müssen, weil jeder Passant seine Neugier selbst zu zügeln versteht.

Sind die Türen verriegelt, bedarf es technischer Hilfsmittel, um in Privaträume einzudringen. Der Blick durchs Schlüsselloch bietet nur knappe Ausschnitte und dürftige Tonqualität. Abhörgeräte und Wanzen sind daher nach wie vor die wichtigsten Instrumente der akustischen Überwachung. Sie werden nicht nur von Polizei, Nachrichtendiensten oder Antidrogenbehörden eingesetzt, sondern auch von Privatdetektiven, eifersüchtigen Ehemännern, argwöhnischen Geschäftspartnern, ängstlichen Eltern oder lästigen Voyeuren. Mittlerweile sind die Geräte derart verkleinert, daß sie kaum mehr aufzuspüren sind. Eine sichtbare Kamera vermittelt den Menschen das Gefühl beobachtet zu werden, auch wenn sie insgeheim abgeschaltet ist. Minimikrophone sind unsichtbar. Der Betroffene weiß nicht, ob jemand mithört. Das Kameraauge zwingt die Menschen zur Selbstkontrolle, die Wanze verführt sie zur Wahrhaftigkeit.

Abhörgeräte müssen vor Ort angebracht werden. Unter einem Vorwand muß sich jemand Zutritt verschaffen, um die Wanze in einer Olive im Martiniglas zu verstecken. Dieses Risiko entfällt bei neueren Richtmikrophonen oder Lasertechnik. Aus großer Entfernung kann man einen Laserstrahl direkt auf ein Fenster richten. Die Geräusche im Raum rufen Vibrationen an der Fensterscheibe hervor, die der Laser genau registriert. Störgeräusche können problemlos abgefiltert werden, so daß die verdächtige Unterhaltung klar zu hören ist. Auch mit lauter Musik oder der Toilettenspülung ist dieser Lauschangriff nicht abzuwehren.

Wanzen interessieren sich für Geräusche und Gespräche, Kameras für Handlungen und Bewegungen. Die Videokamera, dieses universale Gerät moderner Observation, dient nicht nur zum Angriff, sondern auch zur Verteidigung privater Räume. An Außenfassaden, Einfahrten und Gartentüren, an Garagen, Parkdecks oder Hinterhöfen behält sie die Zugänge im Blick. Die Augen an den Grenzübergängen sollen nicht nur frühzeitig Gefahren erkennen und verdächtige Gestalten festhalten. Sie sollen vor allem abschrecken, sollen Bittsteller, Räuber und Vandalen vom Einbruch in die Privatsphäre abhalten. Aber auch den harmlosen Besucher beschleicht mitunter das Gefühl, ein unerbetener Eindringling zu sein. Wie der altbekannte Spion an der Wohnungstür, erlaubt die Kamera einen unbemerkten Blick nach außen, in den Flur, zum Eingang oder vor das Tor. Wer sich dort gerade aufhält, muß gewärtigen, im Visier zu sein, bevor er sich überhaupt vorgestellt hat. Während er noch die Frisur richtet, den Sitz der Krawatte korrigiert, die zerknitterte Jakke glättet und das freundliche Besuchergesicht aufsetzt, ruht bereits der mißtrauische Blick der Bewohner auf ihm. Die Fassadenkunst der Selbstdarstellung muß daher schon abgeschlossen sein, bevor man in die Nähe der Schwelle kommt.

Observiert werden nicht nur die Grenzregionen, sondern auch die Innenräume privater Festungen. Besorgte Eltern installieren im Garten oder Kinderzimmer Kameras, verstecken im Spielzeug Nannycams, mit denen sie aus der Ferne Kind und Kindermädchen im Auge behalten. Sie legen ihren Zöglingen GPS-Armbänder um, damit sie auf dem Anwesen nicht verloren gehen, oder verlegen ein Babyphon, um bei auffälligen Geräuschen im Nebenzimmer sogleich reagieren zu können. Auch in den halbprivaten Räumen von Kindergärten und Vorschulen sind gelegentlich Kameras eingebaut, damit sich die Eltern ihre Kinder „live" ansehen können. Die meisten sind nicht nur neugierig, wie sich ihr Kind während ihrer Abwesenheit verhält. Vor allem treibt sie das Verlangen nach absoluter Gewißheit. Sie ertragen es nicht, daß sich ihr Sprößling jenseits der elterlichen Schutzmacht aufhält. Nicht der Beobachtung von Fremden durch Fremde dient diese Technologie. Sie ist einzig dazu da, die eigene Familie im Auge zu behalten. Die Kinder wissen nicht, daß sie überwacht werden, und die Erzieher lassen ihre Schutzbefohlenen im Ungewissen, was es mit dem kleinen Kasten an der Zimmerdecke oder dem Glasauge im Clownskopf eigentlich auf sich hat.

Verbrechen, Durchsuchung, Razzia

In den westlichen Rechtsstaaten ist die Überwachung von Privaträumen durch Gesetze geregelt. Die Achtung der Privatsphäre verbietet das Abhören von Telefongesprächen und das Filmen von Menschen ohne deren Wissen. Gleichzeitig verlangt eine verängstigte und daher repressive Öffentlichkeit die gezielte Ausforschung möglicher Straftäter, verdächtiger Staatsfeinde, organisierter Syndikate und terroristischer Netzwerke. Bei spektakulären Fällen von Vergewaltigung, Verwahrlosung oder Kinderschändung geißelt die Bevölkerung das Schweigen der Nachbarn und die Untätigkeit der Behörden. Die Anlässe zu legaler Observation sind mannigfaltig. Das Verbrechen hat viele Gesichter, und die Zahl möglicher Opfer ist unbegrenzt.

In manchen Ländern gelten Kinder als vollgültige, wenngleich wehrlose Bürger, die eines besonderen Schutzes bedürfen. Die Familie ist nicht mehr allein für die Nachkommen verantwortlich. Staat und Gesellschaft haben sich selbst damit beauftragt, die Erziehung zu lenken und Schaden von den Schwachen abzuwehren. Jeder sexuelle Übergriff, jede häusliche Schikane oder Gewalttätigkeit bestätigt diesen Anspruch und zerstört die Freiheit der heiligen Familie. Ist die Liebe vorbei, schlägt stets die Stunde des Rechts. Es soll für das Wohl des Kindes und der Frauen sorgen, für die Aufteilung des Einkommens und die Regulierung der Kontakte während des familiären Waffenstillstands. Nicht immer dringt die Justiz aus eigenem Antrieb in die Schlaf- und Kinderzimmer ein. Aufmerksame Nachbarn berichten der Polizei von dem Geschrei in der Wohnung nebenan. Lehrer, Ärzte und Kindergärtnerinnen veranlassen die Behörden zur Befragung verstockter oder verletzter Kinder, und am Ende appellieren die Eheleute manchmal gemeinsam an die Gerichte, Besuchs- und Beherbergungsrechte festzulegen oder sexuelle Fehltritte in die Akten aufzunehmen. Es sind nicht nur staatliche Agenturen, welche die Verrechtlichung zur Durchleuchtung des Familienraums nutzen. Auch soziale Zwischenträger, Informanten oder einzelne Familienmitglieder dringen auf die Aufhebung der privaten Grenze.

Die Verfolgung des Verbrechens geht stets einher mit der Dokumentation privater Kontakte. Hierzu zählt auch die Überwachung von Wohnungen. Läßt sich ein Domizil, sei es wegen fehlender richterlicher Genehmigung, sei es aus Gründen der Konspiration, nicht von innen ausspähen, hilft nur die Kontrolle der Zugänge. Tagelang beobachten Fahnder Türen und Fenster, um festzustellen, wer kommt und wer geht. Dieses Verfahren der „Verkehrsanalyse" vermag jedoch nur indirekte Indizien zu ermitteln. Es kann nur feststellen, wer mit wem zum welchem Zeitpunkt in Berührung gekommen ist. Was hinter den Fenstern geschieht, entzieht sich der Einsichtnahme.

Legalen Zugang verschafft die Hausdurchsuchung. Bei Gefahr im Verzug oder nach richterlicher Anordnung dringen Detektive in die Privaträume ein, durchsuchen Schränke und Schubladen, öffnen die Türen, blicken in alle Winkel und Ecken. Auf der Suche nach Beweisen zeigen sie wenig Rücksicht. Persönliche Dinge werden achtlos beiseite geräumt, Unterlagen und private Aufzeichnungen werden beschlagnahmt. Vor den Fahndern gibt es kein Tabu. Jedes Wäschestück wenden sie um, jede Schublade öffnen sie, jedes Papier wird geprüft. Auch wenn alle Formalitäten erfüllt sind und tatsächlich eine Straftat aufgedeckt wird, hinterläßt die Durchsuchung bei den ahnungslosen Angehörigen eine tiefe Verunsicherung. Es ist wie eine Heimsuchung, ein Überfall, nicht nur weil man unter Verdacht geraten ist, sondern weil man von einer Minute zur nächsten hilflos zusehen muß, wie die Welt, in der man sich sicher eingerichtet hatte, von fremden Eindringlingen besetzt und auf den Kopf gestellt wird.

Von heimlichen Durchsuchungen erfahren die Bewohner meist nichts. In Polizeistaaten ist es nicht unüblich, Menschen kurzzeitig zu verhaften, um ihre Wohnung zu durchstöbern, während sie in der Zelle über irgendein belangloses Ereignis verhört werden. Verdeckte Hausbesuche sind in Rechtsstaaten auch auf elektronischem Wege möglich. Mithilfe von Trojanern, kleinen Spionageprogrammen, die an die elektronische Post geheftet werden, erhalten staatliche Ermittlungsbehörden Zugang zu privaten Rechnern und digitalen Schreibtischen, ohne daß der Ausgeforschte dies jemals bemerkt.

Auch zur gezielten Zermürbung von unliebsamen Untertanen eignet sich der verdeckte Hausfriedensbruch. Während der Betreffende auf Reisen oder beim Einkauf ist, verschaffen sich die Spitzel Zutritt und hinterlassen ein, zwei winzige Veränderungen in der Wohnung. Eine Brille wird vom Schreibtisch aufs Klavier gelegt, eine Nippesfigur ein paar Zentimeter von ihrem Stammplatz weggerückt. Kommt der Bewohner nach Hause, bemerkt er zunächst gar nichts. Dann sucht er seine Brille und wundert sich, daß er sie offenbar nicht auf den Schreibtisch gelegt hatte. Erst Tage später fällt ihm auf, daß die kleine Figur nicht genau an ihrem Platz steht. Er ist verwundert, beginnt an sich zweifeln. Wiederholen sich solche Vorfälle, keimt eine undeutliche Unruhe auf, eine Angst, die kaum zu dämpfen ist. Dumpfe Selbstzweifel plagen das Opfer, die Furcht verrückt zu werden, bis sich allmählich der Verdacht einstellt, daß sie da waren und jederzeit wieder auftauchen können.

Der brutalste Angriff auf den Privatraum ist die Razzia. Auch sie gehört ins Arsenal einer Politik des Schreckens. Die Gegend wird abgesperrt, die Einwohner sitzen in der Falle. Straße für Straße, Haus für Haus, Zimmer für Zimmer wird durchkämmt. Die Häscher demolieren, was ihnen im Wege steht, zerstören mutwillig, was den Bewohnern lieb und teuer ist. Die augenblickliche Tilgung alles Privaten bewirkt prompte Einschüchterung. Die Menschen sind nicht mehr Herr in ihren Räumen. Der Glaube an die Unverletzlichkeit der Person, ihrer Wohnung und ihres Eigentums ist schlagartig dahin. Geschrei und Gebrüll, Schmähungen, Hohngelächter durchdringen den Raum. Im Bewußtsein der Überlegenheit gewinnen die Fahnder Spaß an der Willkür. Einige lassen sie gnädig laufen, andere ergreifen sie schon wegen eines Widerworts. Es kommt zu Verhören vor Ort, zu endlosen Überprüfungen und übereilten Verhaftungen. Ohnmächtige Wut erfaßt viele Opfer. Lautstarker Protest nützt nicht das geringste. Ohne Vorwarnung ist eine fremde Übermacht in den eigenen Lebensbereich eingedrungen und hat ihn vollständig okkupiert. Die Operation verläuft oft summarisch und ohne Ansehen der Person. Durchsucht wird jeder, der verdächtig aussieht, mitgenommen wird jeder, bei dem sich ein Anhaltspunkt ergibt. Auch wenn sie wohlbehalten zurückkehren, finden sie das Refugium ihres Lebens durchwühlt vor. Die schützende Aura des Privaten ist zerstört.

9. Eigentum

Das Privateigentum genießt keinen guten Ruf. Obwohl jeder danach strebt, gilt es als anstößig. Daß jemand das Vielfache des Durchschnittsvermögens besitzt, kann unmöglich mit rechten Dingen zugegangen sein. Was nicht durch ehrlicher Hände Arbeit erworben wurde, erregt Argwohn und Mißgunst. Geld verderbe den Charakter, sagt der Volksmund, und viel Geld ruiniere ihn vollends. Eigentum fördere die niederen Instinkte: Neid und Geiz, Habgier und Prunksucht. Niemand könne reich und zugleich gut und tugendhaft sein. Zins, Kapital, Profit, Spekulation gar, diese elementaren wirtschaftlichen Tatsachen sind vielen Zeitgenossen suspekt. Kampagnen gegen reiche Müßiggänger, fürstlich dotierte Führungskräfte oder kühl rechnende Investoren finden in der Bevölkerung weithin Beifall. Sie spekulieren auf die moralische Ökonomie einer Gesellschaft, deren Maßstäbe weit traditioneller sind, als es dem heutigen Kapitalismus entspricht. Was die Wirtschaft anlangt, war die Moral selten auf der Höhe der Zeit.

Attacken gegen das Eigentum waren schon immer eine Vorliebe von Priestern, Intellektuellen und Agitatoren. Wer nichts hat als seinen Glauben, eine Mission oder ein wenig Kultur, muß im Kampf um die Macht die Gegenseite moralisch anschwärzen. Die Bürger verunglimpften einst die Muße und Ehre der Aristokratie im Namen von Leistung und Verdienst. Die Vordenker der Unterklassen diffamierten Besitz und Kapital und beriefen sich auf Arbeit und Bildung. Obwohl mittlerweile alle die Annehmlichkeiten des Massenkonsums zu schätzen wissen, wirken die alten Ressentiments bis heute nach. Da Besitz und Vermögen weiterhin ungleich verteilt sind, können die populären Parolen jederzeit ausgegeben werden.

Für zahllose Übel dieser Welt wird das Privateigentum verantwortlich gemacht: für Krieg und Konkurrenz, für Armut, Ausbeutung, sittlichen Niedergang und moralische Dekadenz. Das Streben nach Gewinn sei unwürdig und schade dem Geist des Gemeinwesens. Der Rechtschaffenheit, der einzigen Tugend, zu welcher ein Geschäftsmann imstande sei, bliebe die Herzensliebe der Solidarität fremd. Zins ist Wucher, Eigentum ist Diebstahl, Kapital ist Raub, Spekulation ist Betrug - nur auf krummen Wegen vermag jemand Vermögen zu erwerben und zu vermehren. Die Enteignung der Bauern, die Ausbeutung der Lohnsklaven, die unverdiente Erbschaft – immer schon galt der Erwerb von Eigentum als ungerecht und dubios. Privatbesitz ruiniere die gesellschaftliche Moral. Eigentum nähre die Eigensucht. Unverantwortlich sei das private Kapital. Denn der Eigentümer kann mit seinem Besitz machen, was er will. Eigentum verpflichtet nämlich zu nichts. Er kann es vermehren oder verprassen, verschenken oder verstecken. Niemand kann ihm vorschreiben, was er mit seinem Geld macht. Daher soll, so die Meinung der Mehrheit, der Staat größere Erbschaften, Vermögen, Arbeitserträge und sogenannte Extraprofite großzügig besteuern, die Devisen bewirtschaften und alle Spekulanten außer Landes jagen.

Lob des Eigentums

Der Sündenfall begann, laut einer alten Fabel, mit dem Akt der Landnahme. Der erste, der ein Grundstück einzäunte, gründete die Eigentumsgesellschaft. Alle anderen waren einfältig genug, es ihm nachzutun. Anstatt die Pfähle herauszureißen und die Gräben zuzuschütten, genoß jeder seine Früchte für sich. Aber von dem Augenblick an, da die Menschen die Arbeit teilten und einer die Hilfe eines anderen benötigte, verschwand die ursprüngliche Gleichheit. Man bemerkte, wie nützlich es ist, Vorräte für zwei anzulegen. Das Eigentum setzte sich durch, und die Ungleichheit der Talente verschärfte die Gegensätze. Der Stärkere leistete mehr Arbeit, der Geschicktere zog größeren Nutzen aus seiner Anstrengung, der Klügere erfand Mittel zur Verkürzung der Arbeitszeit, und obwohl die Menschen gleich viel arbeiteten, verdiente der eine viel, während der andere sich fast zu Tode schuftete.

Nicht durch Ehrgeiz, Betrug oder Raub entstand die Ungleichheit unter den Menschen, sondern durch die Teilung der Arbeit, die Spezialisierung der Fähigkeiten, die Abhängigkeit des einen von den Leistungen des anderen. Hinter dem Rücken der Menschen entstand die Ungleichheit, die schließlich durch Gesetze kodifiziert wurde. Es kann kein Unrecht geben, wenn es kein Eigentum gibt. Aber es scheint auch keine Gerechtigkeit geben zu können, wenn es Eigentum gibt. Um jedem das Seine zu geben, muß jeder schon etwas haben. Wer nichts hat, dem steht nach dem Prinzip der gerechten Vergeltung auch nichts zu.

Zudem trennt das Eigentum angeblich die Menschen voneinander. Das exklusive Verfügungsrecht schließe den anderen aus. Die Grenze zwischen Mein und Dein zerspalte die Gemeinschaft, ruiniere die Gleichheit und verstoße den einzelnen in die Eiseskälte der Tauschgesellschaft, in der zwar viele Kredit, aber kein Vertrauen genießen, weil jeder nur ein Mittel zum Zweck eines anderen sei.

Nicht mehr von natürlichen Gefühlen der Hilfe, Zuneigung und des Mitleids wird das Zusammenleben bestimmt, sondern von egoistischen Affekten, von Eitelkeit, Rivalität und Feindseligkeit. Immerzu ist der Privatier darauf aus, seinen Gewinn auf Kosten anderer zu steigern. Er muß die Rivalen übertreffen, um selbst nicht unterzugehen. So verzehrt ihn der Ehrgeiz, sein Vermögen zu mehren. Neid und Eifersucht treiben ihn an, die finstere Neigung, dem anderen schaden zu wollen. Je reicher der Mensch, desto größer seine Gier. Eigentum verwandelt die Gemeinschaft in eine Gesellschaft einsamer Wölfe.

Von alledem ist wenig wahr. Kein Mensch ist, was er hat. Laster und Tugenden entsprechen weder der Höhe des Bankkontos noch der Ausdehnung des Landbesitzes. Habenichtse sind nicht bessere Menschen, nur weil sie weniger haben als sie brauchen. Der Kampf um Anerkennung, der Wille zur Macht, Ruhmsucht oder Hochmut sind von der Institution des Eigentums ganz und gar unabhängig. Ebensowenig haben die Gefühle der positiven Wechselseitigkeit, Liebe, Mitgefühl und Vertrauen einen Grund in materiellem Besitz. Für Güte bedarf es keiner Armut. Zwar gibt es ohne Besitz keinen Geiz und keinen Neid, aber auch keine Gaben und keine Freigebigkeit. Brüderlichkeit setzt das Privateigentum voraus. Wer nichts hat, kann auch nichts teilen. Auch mit garantierter Gütergleichheit wären keinesfalls die Ursachen menschlicher Händel beseitigt. Nirgends herrscht so viel Streit wie unter Brüdern. Wer nur hat, was jeder hat, hat von vielem zu wenig. Und er hat zu viel von dem, was er weder will noch braucht. Gleichheit oder Gemeineigentum sichern keine friedliche Grundversorgung.

Ohnehin wäre eine Gesellschaft rasch am Ende, hinge ihr Bestand von der Tugend ihrer Bürger ab. Ein Gemeinwesen, das vornehmlich auf das Eigeninteresse setzt, erspart sich hohe Moralansprüche. Es begnügt sich mit ganz durchschnittlichen Charakteren. Der Markt der Privateigentümer kommt ohne höhere Werte aus. Tauschwerte genügen vollauf. Gewiß gäbe es ohne Eigentum keinen Diebstahl, keinen Betrug und keinen Raub. Doch solange die Güter knapp sind, sorgt die private Verteilung für klare Verhältnisse. Jeder weiß, was ihm gehört und was nicht.

Eigentum regelt nicht nur das Verhältnis zu den Dingen, sondern auch die Beziehungen unter den Menschen. Eigentum ist ein soziales Sachverhältnis. Robinson Crusoe bräuchte niemals über seine Rechte an den Schätzen der Insel zu meditieren, wenn er sicher wäre, daß niemals ein anderer Mensch auftauchen würde. Ohne Freitag hätte er keinerlei Eigentumsrecht an der Insel, weil er nämlich überhaupt keine Rechte hätte. Niemand kann ein Recht für sich allein haben. Pflichten und Ansprüche gibt es nur gegenüber anderen. Eigentum stiftet Exklusivität unter mehreren. Der Eigentümer allein hat das Recht, über sein Eigentum zu verfügen. Er ist der Despot über die Dinge, die ihm gehören. Alle anderen Bewohner des Universums sind hiervon ausgeschlossen. So konstituiert das Eigentum eine eigene Sphäre des Privaten, auf die andere keinen Zugriff haben und die nicht vom Licht der Öffentlichkeit durchdrungen wird.

Die Scheidung zwischen Mein und Dein schafft soziale Ordnung. Für den Frieden der Gesellschaft ist es unabdingbar, daß die Güter eindeutig zugeteilt sind. Der öffentliche Nutzen erfordert hierfür allgemeine Regeln. Dies mag mit persönlichen Härten oder Wohltaten verbunden sein. Doch sind verbindliche Eigentumsregeln unabdingbar. Klare Besitzverhältnisse garantieren Sicherheit. Andernfalls könnte sich jeder aneignen, was ihm gerade gefällt, unabhängig davon, ob ein anderer es bereits in seiner Verwendung hat. Kein Genuß wäre mehr gewiß. Weder Schuhe noch Kleidung, weder Nahrung noch Behausung wären dem einzelnen sicher, wäre sein Eigentum nicht geschützt.

Verbindliche Regeln verhindern Streitigkeiten. Recht gleicht fehlende Tugend aus. Es belegt Regelverstöße mit Strafen, welche dem Übeltäter teurer zu stehen kommen als die Vorteile, die er aus seinem Delikt ziehen kann. Das Recht schützt den Eigentümer, aber es sorgt auch dafür, daß Eigentum nicht zum Nachteil anderer verwendet wird. Das Verfügungsrecht des einen endet, wo das Leben eines anderen gefährdet oder seine Freiheit beschnitten wird. Wie auch sonst ist der letzte Zweck des Eigentumsrechts der Schutz der Freiheit jedes einzelnen.

Das Recht definiert die Legalität des Besitzes. Seinen Grund findet es jedoch erst in der Legitimität des Erwerbs. Eigentum wird erworben durch Aneignung oder Arbeit, durch Vererbung oder freiwillige Übertragung. Ob die Besitzverteilung gerecht ist, hängt davon, wie sie zustande gekommen ist, und nicht, wie die Güter gerade zugeteilt werden sollen. Die Gerechtigkeit des Besitzes ist eine historische Frage. Wer zu einem früheren Zeitpunkt rechtmäßig über ein Gut verfügte, der verfügt auch in der Gegenwart zu Recht über dieses Gut. Wer zu seinem Besitz durch Betrug, Diebstahl oder Versklavung gekommen ist, wer andere Menschen ihrer Erzeugnisse beraubte, sie nicht nach ihrem Willen leben ließ oder sie gewaltsam am Wettbewerb um Tauschgeschäfte hinderte, dessen Besitz ist auch gegenwärtig nicht gerechtfertigt. Vergangene Untaten rechtfertigen keinen aktuellen Besitz. Sie bedürfen vielmehr der Korrektur. Deshalb ist es recht und billig, daß die Opfer unrechtmäßiger Enteignung auch nach Jahrzehnten einen Anspruch auf Rückgabe ihrer Vermögen haben. Und deshalb ist es ein Gebot der Gerechtigkeit, daß Menschen, die Zwangsarbeit verrichten mußten, einen reellen Ausgleich erlangen, der die symbolische Anerkennung ihres Schadens übersteigt. Ungerechtigkeiten bedürfen der Berichtigung, gemäß dem Grundsatz: was wäre geschehen, falls die Ungerechtigkeit seinerzeit nicht geschehen wäre.

Tausch, Ungleichheit

Eigentum stiftet sozialen Verkehr. Fern davon, die Menschen einander zu entfremden, schafft es neue Verbindungen. Gesellschaft beginnt mit dem Tausch unter Fremden. Indem einer verkauft, was der andere begehrt, und jener bezahlt, was dieser verlangt, treffen Menschen aufeinander, die sonst niemals voneinander Kenntnis nehmen würden. Der vielfach geschmähte Wettbewerb treibt die Rivalen in die Nähe des umworbenen

Dritten. Am Ende gewinnt jener, der die heimlichen Wünsche des Käufers erfaßt, noch ehe jener überhaupt ahnt, daß er sie hat. Auf freien Märkten können Menschen ihre Eigenheiten und Bedürfnisse in weit größerem Maße entwickeln als in der dumpfen Wärme der Gemeinschaft. Unter den zahllosen Privateigentümern findet sich immer wieder einer, der etwas veräußern will, was er nicht benötigt. Würden hingegen alle das Gleiche besitzen, dann müßte jeder mit dem zufrieden sein, was er hat. Nicht einmal in ihren Wünschen könnten sich die Menschen voneinander unterscheiden.

Der Austausch der Privatleute ist die Basis der Gleichheit und Freiheit. Die Tauschpartner anerkennen einander als Gleiche. Jeder akzeptiert den anderen als Subjekt mit eigenem Willen. Der Kaufvertrag stiftet zwar keine Gleichheit des Status oder des Besitzes, aber ein Willensverhältnis unter Ebenbürtigen. Mehr ist in einer Gesellschaft nicht zu erwarten, welche die Menschen vor dem Zwang der Gemeinschaft bewahren und sie durch Distanz voreinander schützen soll.

Eine Gleichverteilung der Besitztümer ist nicht nur aussichtslos, sie wäre verheerend. Die Unterschiede an Geschicklichkeit, Sorge und Fleiß würden jede Egalität sofort durchbrechen. Schlimmer noch: Im Namen der Gleichheit müßte die Entwicklung dieser Tugenden unterbunden und damit die Gesellschaft auf ein dürftiges Niveau hinabgedrückt werden. Anstatt Not und Bettelei von wenigen zu verhindern, setzte man den Bestand der gesamten Gesellschaft aufs Spiel. Um jede neue Ungleichheit sofort abzublocken, müßten alle Besitztümer fortlaufend überwacht werden. Jeder müßte offen legen, was er hat. Jeder Überschuß müßte sofort abgeführt, jeder geheime Schatz aufgedeckt und beschlagnahmt werden. Die Sucht nach Gleichheit führt geradewegs in die Tyrannei. Zwar erspart absolute Gleichheit jede weitere Beobachtung. Keiner hätte etwas, was ein anderer noch begehren könnte. Aber eine Politik der Egalität, die den Menschen jeden den Sinn für Unterschiede auszutreiben sucht, zerstört mit der Privatheit auch jede Motivation.

Die Aufhebung des Eigentums degradiert das Individuum zur öffentlichen Figur. Im Eigentum gewinnt der Wille des einzelnen gegenständliche Realität. Die Verfügungsmacht über Dinge, die nur einem selbst gehören, bezeichnet einen eigenen Platz in der Welt. Sie schafft eine Sphäre, zu der niemand sonst Zutritt hat, einen sicheren Handlungsraum, in dem der einzelne die Wirksamkeit seines Handelns erleben und ein Bewußtsein seiner selbst entwickeln kann. Kein Eigentum zu haben heißt, keinen angestammten Ort zu haben. Indem sich die Gesellschaft der Bürger auf ein sachliches, durch Eigentum vermitteltes Verhältnis beschränkt, gibt sie den einzelnen als Person frei.

Häufig verliert der Habenichts seinen politischen Schutz. Er gehört nicht mehr dazu. Eigentum hingegen eröffnet neue Möglichkeiten. Auch nach der Abschaffung des Zensuswahlrechts fällt es leichter, an öffentlichen Angelegenheiten teilzunehmen, wenn man ökonomisch unabhängig ist. Nur wenn man Herr über die eigenen Lebensnotwendigkeiten ist, dem Zwang der Plackerei ein Stück weit entronnen ist und die Freiheit zeitweiliger Muße gewonnen hat, vermag man aktiv in die Welt des Politischen einzutreten. Privatbesitz bedeutet auch Freiheit von der Notwendigkeit, von der Zwangsexistenz des Arbeitssklaven. Und es ist die Voraussetzung für die Verwandlung des animal laborans in einen homo politicus.

Eigentum bietet der privaten Festung ein materielles Fundament. Das Individuum kann sich die Gesellschaft ein Stück weit vom Leibe halten. Durch die gegenseitige Anerkennung des Eigentums garantieren die Bürger ihre Privatsphären. Sie respektieren, daß der Besitz dem Ohr und Auge der Öffentlichkeit entzogen bleibt. Einem Volk, das Eigentum nicht anerkennt, fehlt der Sinn für die Freiheit. Es gibt keine persönliche Freiheit ohne politische Garantie des Privateigentums, und es gibt keine Unabhängigkeit der Lebensformen, der Meinungen und Handlungen ohne ein Minimum an ökonomischer Selbständigkeit.

Kritik der Steuer

Im Leben der Menschen sind lediglich zwei Dinge sicher: der Tod und die Steuer. Im Ernstfall entscheidet der Staat über das Leben seiner Bürger, im Normalfall vergreift er sich an ihrem Besitz. Einst waren Höhe und Frequenz der Steuern vom Rhythmus der Kriege bestimmt. Jeder neue Feldzug forderte eine volle Goldtruhe. Doch begnügten sich die Fürsten häufig mit dem Zehnten auf Einkünfte und bewegliche Güter. Heute arbeiten die Untertanen ihr halbes Leben für öffentliche Institutionen. Sie zahlen nicht mehr für den Hof eines Grundherrn, für dynastische Kriege oder koloniale Eroberungszüge, sondern für die Organisation ihres Lebens.

Seit je wirtschaften moderne Staaten ausgabenorientiert. Die Verstaatlichung des Privateigentums folgt zwangsläufig dem Wachstum der Ausgaben. Bis heute setzt der Fiskus alles daran, sein Einkommen aufzubauen, anstatt Begünstigungen abzubauen. Nicht sparen, sondern verteilen und verschwenden, ist seine Devise. Jahrhunderte sind Gesellschaften ohne zentrale Staatslenkung ausgekommen. Mittlerweile jedoch ertönt bei der geringsten Mißhelligkeit reflexartig der Hilferuf nach der Obrigkeit. Die Ansprüche der Bürger und das Wachstum der Zuwendungen und Abgaben bedingen sich gegenseitig. Mit den Ausgaben steigen auch die Begehrlichkeiten. Der Staat nimmt dem Bürger, was jener von ihm fordert. Aber das gerechte Entgelt für die Steuer bleibt er häufig schuldig.

Steuern sind nämlich Abgaben ohne bestimmte Gegenleistung. Ihr Verwendungszweck ist offen. Das unterscheidet Steuern von

Versicherungsbeiträgen oder Gebühren. Sowenig der Steuerzahler einen Anspruch auf eine gleichwertige Gegenleistung erwirbt, sowenig kommt dem Staat das Recht zu, Steuern für ein bestimmtes Projekt zu erheben. Eine Energiesteuer zur Senkung der Arbeitskosten oder eine Vermögenssteuer zur Hebung des Bildungsniveaus widersprechen dem fiskalischen Grundprinzip. Steuern sind niemals zweckgebunden. Zweckentfremdung ist daher unausweichlich. Über das Geld in der Finanzkasse kann die politische Klasse frei verfügen. Für Schutz und Sicherheit, diesen einzig legitimen Kernaufgaben des Staates, ist die Steuer mitnichten reserviert.

Nicht Fürsorge begründet den Staat, sondern die Garantie jener Schutz- und Freiheitsrechte, welche den einzelnen von fremden Übergriffen bewahren. Nur die Verletzung des Rechts bedarf einer Macht, welche die Handlungskraft des Individuums übersteigt. Sicherheit vor Krieg und Verbrechen ist die erste Aufgabe des Staates, und nur diese Aufgabe rechtfertigt ein Budget, das durch Steuern finanziert wird. Von diesem Grundsatz ist die Wirklichkeit heutiger Staatsfinanzen weit entfernt. Der Staat hat sich so viele Funktionen der Gesellschaft angeeignet, daß es für die allermeisten Zeitgenossen schon gar nicht mehr denkbar ist, ohne staatliche Zuwendung, Hilfe, Sorge und Verbote zu existieren. Es genügt, eine politische Absicht anzukündigen, um zu kaschieren, was die Steuer zuletzt ist: ein Akt der Willkür, eine Abgabe ohne Äquivalent, eine unerschöpfliche Ressource der Staatsgewalt, mittels derer sie sich selbst finanziert.

Wie willkürlich Steuersysteme sind, zeigt schon ein Blick auf die Tatbestände. Der Habgier der Eintreiber waren noch nie Grenzen gesetzt. Keine wirtschaftliche Tätigkeit geht ohne Aufschlag vonstatten, sei es der Kauf eines Blumenstraußes, die Reparatur eines Motorrads oder der Verkauf eines Grundstücks. Die Haltung von Hunden wird ebenso besteuert wie der Verbrauch von Benzin, Gas, Tabak oder Likör. Der Lohn der Arbeit wird beschnitten, das Einkommen geschröpft, der Gewinn abgeschöpft. Glück gönnt der Staat seinen Untertanen ohnehin nicht. Lotteriegewinne und Preisgelder unterliegen in vielen Ländern der Steuer, ebenso das Spiel an Automaten, Erbschaften und Geschenke. Nicht einmal der Schutz vor dem Unglück, die Versicherung für Not- und Todesfälle, ist vor dem staatlichen Zugriff sicher. Erwerb und Besitz, Gebrauch und Verbrauch von Gütern - alles ist steuerpflichtig. Was immer der Bürger tut, stets muß er die Obrigkeit mitbezahlen.

Der Begriff des totalen Staates meint nicht allein die vollständige Überwachung des sozialen Lebens, er gilt auch für die Erfassung wirtschaftlicher Aktivitäten. Transparenz der Transaktionen, Einsicht der Finanz- und Sozialbehörden in sämtliche Konten und Depots, Registrierung von Devisengeschäften und Auslandsüberweisungen, die Aufhebung des Bankgeheimnisses – erst der gläserne Bankkunde entspricht dem alten Traum des Staates, vollständig über das Eigentum seiner Untertanen informiert zu sein, um notfalls direkten Zugriff zu gewinnen. Die Suche nach verborgenen Schätzen gehört zu den Hauptaktivitäten der Zöllner und Fahnder. Wie Auswanderung vielfach als Verrat an der Nation verunglimpft wird, so folgt die Idee der Fluchtsteuer einer Politik nationaler Protektion. Die vaterlandslosen Gesellen, die für immer das Steuerterritorium verlassen, sollen an den Zollschranken alles zurücklassen, was sie über die Jahre verdient und durch Tausch, Kauf, Arbeit oder Schenkung rechtmäßig erworben haben. Nur Arme und Besitzlose dürfen der heiligen Staatsnation unbehelligt den Rücken kehren.

Souverän ist, wer tagtäglich ungestraft die Untertanen zur Kasse bitten kann. Seit je ist Steuerhoheit ein Kriterium der Souveränität. Kein Staat ohne Steuerzwang. Noch vor der Wehr- und Schulpflicht bildet die gemeine Steuerpflicht die Grundlage moderner Staatsmacht. Nachdem die Privilegien von Adel und Klerus beseitigt sind, ist niemand mehr steuerlich immun. Die

Idee der Steuergerechtigkeit verlangt die Gleichheit aller vor dem Fiskus. Doch sichert dies keineswegs Gerechtigkeit. Gerecht wäre allein die Gleichheit von gesellschaftlicher Steuerleistung und staatlicher Gegenleistung. In Wahrheit sind jedoch nicht wenige Staatsleistungen entbehrlich, überteuert oder ineffektiv. Der Vorteil liegt eindeutig beim Empfänger. Der Zwang der Steuer ist die Freiheit des Staates. Was der Bürger an Eigentum verliert, gewinnt der Staat an Verfügungsmasse.

Steuern sind keineswegs zum allseitigen Nutzen. Regelmäßig bleibt der Staat die Erfüllung seiner Aufgaben schuldig. Weder Frieden noch Sicherheit vermag er zu garantieren. Er bewahrt nicht vor materieller Not, vermag weder Arbeit noch wirtschaftliches Wachstum zu schaffen, läßt vielerorts Verkehrswege und Bildung verrotten. Die alljährliche Liste von Verschwendung und Mißwirtschaft zeigt nur die Fälle, die nicht zu übersehen sind. Die einzige "Gegenleistung", deren sich der Steuerbürger sicher sein kann, ist das Wachstum staatlicher Verwaltung und parastaatlicher Schalt- und Regelzentralen. Schließlich muß die Machtelite ihre Klientel und Parteigänger mit Ämtern und Pfründen versorgen. Mit den Steuern finanziert sie das Staatspersonal, die Armee des öffentlichen Dienstes. Steuern sind die Nahrung der bürokratischen Herrschaft.

Nur die Staatsgläubigen aller Couleur halten Steuern für ein Gebot der Gerechtigkeit. Für sie ist der Staat das Zentralorgan der Umverteilung, eine Institution zur gegenseitigen Plünderung. Der Steuer liegt die Idee zugrunde, jedermann könne auf Kosten jedermanns leben. Dies ist der Grund, weshalb sich Politik auf die Frage konzentriert, wer gewisse Güter empfangen soll. Zur Freiheit des Eigentums gehört jedoch zuerst die Freiheit, Güter zwanglos geben zu dürfen. Der Verteilungsstaat bestimmt, wer versorgt werden soll oder wer ein Erbe empfangen darf, und nicht darauf, ob es ein Recht gibt, anderen etwas ohne Abgabe zu schenken oder zu vererben. Er beschränkt sich auf die Gerechtigkeit unter den Empfängern und mißachtet die Freiheit der Übertragung, der Spende, des Geschenks. In einer freien Gesellschaft hingegen zählt nicht die Verteilung der Güter, sondern deren fairer Austausch, nicht das Nehmen auf Kosten anderer, sondern das Geben aus freien Stücken.

Alljährlich arbeitet der staatstreue Untertan viele Monate unentgeltlich für den Staatsapparat. Dies erfüllt den Tatbestand der unfreiwilligen Arbeit. Unfreiwillige Arbeit ist jedoch nichts anderes als Zwangsarbeit. Die Besteuerung von Arbeitsverdiensten ist daher eine Art verdeckter Zwangsarbeit. Nicht die Knute von Aufsehern oder die Bluthunde von Sklavenbesitzern zwingen die Untertanen zur Arbeit, sondern ein undurchsichtiges Verwaltungssystem, das von jeder Lohn- und Gehaltszahlung sogleich den Bruchteil einbehält, der für die öffentlichen Kassen und Zwangsversicherungen bestimmt ist. Der Staat arbeitet nicht für seine Untertanen, jene arbeiten für ihn. Er entwendet den Beschäftigten Lohn und Arbeitszeit. Entreißt man aber jemandem die Früchte seiner Anstrengung, so ist dies gleichbedeutend damit, daß man ihm Stunden, Tage, Monate seines Lebens raubt. Eine offene Arbeitspflicht für Beschäftigungslose oder Jugendliche, wie sie gelegentlich gefordert wird, würde nur ein Strukturprinzip fortsetzen, das durch die allgemeine Besteuerung der Arbeit längst in Kraft ist. Wenn der einzelne für andere unentgeltlich arbeitet, so bestimmen jene unabhängig von seinem Willen darüber, was er tun und für welche Zwecke er arbeiten muß. Dadurch werden jene Nutznießer seiner Arbeitskraft. Durch die Zwangsarbeit erlangt der Staat ein Verfügungsrecht über die Untertanen. Das Individuum hat nicht mehr das Monopol an sich selbst. Es kann solchen Verhältnissen nur entgehen, wenn es die offizielle Arbeit einstellt. Längst hat sich daher eine Schattenwirtschaft ausgebreitet, in der die Menschen nicht mehr für alle anderen, sondern nur noch für sich selbst arbeiten.

10. Informationen, Daten

Inmitten der Gesellschaft sind Menschen fortwährend damit beschäftigt, einander zu taxieren. Sie wollen wissen, was der andere vorhat, was er denkt, wie er sich und die anderen sieht. Auch wenn kein einziges Wort gewechselt wird und im Restaurant, Zugabteil oder Wartezimmer jeder auf seinem Platz verharrt, beäugen die Menschen einander aus dem Augenwinkel. Sie überwachen ihre Umgebung, um Gefahren rechtzeitig zu erkennen. Niemand soll ihnen unversehens zu nahe kommen. Auch wenn nichts geschieht, bedürfen sie der Versicherung, daß alles in Ordnung ist.

Dies ändert sich, sobald Mißverständnisse oder Interessengegensätze auftreten. Sofort weicht die gelassene Aufmerksamkeit einer mißtrauischen Haltung. Im Konflikt kann man jederzeit getäuscht, übervorteilt, betrogen werden. Da niemand wissen kann, was der andere weiß, bleibt jener eine unerschöpfliche Quelle der Unwägbarkeit. Im täglichen Kampf um Geld, Liebe, Macht und Anerkennung ist derjenige im Vorteil, der von anderen mehr in Erfahrung gebracht hat als jene von ihm. Ungleiche Wissensverteilung erzeugt einen fortwährenden Informationsstrom, den ein einzelner unmöglich lenken kann. Häufig wissen andere mehr über ihn, als ihm lieb ist. Und nicht selten weiß er zu wenig über sie, um daraus einen Startvorteil ziehen zu können. So bleibt nur ein Ausweg: Da es aufwendiger ist, fremde Geheimnisse aufzudecken, als eigene zu wahren, behilft man sich mit gezielter Informationspolitik.

Maskeraden des Selbst

Jede Selbstdarstellung bewegt sich auf dem schmalen Grat zwischen Öffentlichkeit und Privatheit, zwischen Konformismus und Eigensinn. Würden sich alle Menschen als einzigartige Wesen präsentieren, als exzentrische Einzelgänger, denen nichts anhaftet, was sie mit anderen gemeinsam hätten, dann wäre die Gesellschaft eine Ansammlung fremder Figuren, die voneinander nur das wissen könnten, was sie jeweils zur Schau tragen. Der soziale Zusammenhang zerfiele in eine abrupte Abfolge kurzer Kontakte. Würden sich umgekehrt alle Menschen umstandslos den Erwartungen fügen, die jeweils an sie gerichtet werden, so verkäme die Gesellschaft zu einem Forum charakterloser Opportunisten. Auf niemand wäre Verlaß. Wer zu allem Ja sagt, erweist sich als eine Person ohne Eigenschaften. Von einer Minute zur anderen wechselt er seine Überzeugungen, Vorlieben und Interessen. Notorische Konformisten sind Menschen ohne Eigensinn, ohne innere Substanz. Sie reden jedem nach dem Munde und pflichten jedem bei. Sie haben keine Meinung und kein Gedächtnis, ja, sie scheinen nicht einmal ein Verhältnis zu sich selbst zu haben. Selbstdarstellung ist daher die Kunst, nicht so zu erscheinen wie alle anderen, aber auch nicht so wie niemand sonst.

Die persönliche Informationspolitik lanciert diejenigen Daten, welche eine Person über sich in Umlauf zu sehen wünscht. Die unauffälligste Inszenierung ist die Kaschierung der eigenen Existenz. Falsche Pässe, Decknamen, gefälschte Geburts- und Herkunftsdaten, gefärbte Haare, künstliche Bärte, Sonnenbrillen, manipulierte Photos oder Fingerabdrücke - solche Utensilien dienen einzig dazu, hinter der Maske zu verschwinden. Nicht nur Spione, Diebe, Schmuggler oder Schauspieler benutzen solche Requisiten, sondern auch ehemalige Sträflinge, Callgirls, Minderjährige, die verbotene Filme besuchen wollen, oder Asylanten, die den Behörden eine falsche Legende vorgaukeln. Auch professionelle Beobachter, verdeckte Ermittler oder neugierige Könige, die sich inkognito unters Volk mischen, um die Stimmung ihrer Untertanen zu erfahren, verbergen ihre Identität. Sie alle manipulieren Dokumente und nutzen Maskeraden, um erst gar nicht erkannt zu werden.

Eine beliebte Variante ist die Führung eines Doppellebens. Das Individuum bewegt sich in zwei getrennten Kreisen. Niemand soll bemerken, daß der Betreffende noch eine zweite Biographie hat. Eine Ehefrau hat eine Affaire, trifft ihren Liebhaber regelmäßig in einer kleinen Zweitwohnung, besucht mit ihm ausgesuchte Lokalitäten und tut so, als sei sie unverheiratet und beruflich sehr eingespannt. Zuhause führt sie ein unauffälliges Familienleben, trifft Verwandte und Freunde, sorgt sich um Kinder und Ehemann und begründet ihre regelmäßige Abwesenheit mit unvermeidlichen Geschäftsreisen und beruflichen Verpflichtungen. In beiden Kontexten benutzt sie dieselbe Legende, um die jeweils andere Biographie zu vertuschen. Niemand kennt sie als ganze Person. Das größte Risiko dieses Doppelleben liegt in unachtsamen Enthüllungen. Beide Kreise müssen strikt voneinander geschieden bleiben. Ein Merkzettel auf der Kommode, ein Telefonanruf, ein Bekannter, der das Liebespaar zufällig am anderen Ende der Stadt gesehen hat - und die Tarnung ist aufgeflogen.

Selbstdarstellungen sagen nicht nur, wer man ist. Sie enthüllen auch eigene Absichten, Gedanken oder Gefühle. Besonders heikel ist die Inszenierung des eigenen Innenlebens. Es bedarf hoher Schauspielkunst, um Ausdrucksgebärden in bewußte Gesten umzustilisieren. In der Regel offenbaren Menschen mehr als sie kontrollieren können. Die alltäglichen Fehlleistungen, die Versprecher, Verlegenheiten und Erinnerungslücken, die Grimassen und unwillkürlichen Verrenkungen, die verschränkten Arme oder überkreuzten Beine, der Wechsel des Tonfalls, das unbedachte Wort – der geübte Beobachter erkennt stets mehr, als ihm der Darsteller zu offenbaren wünscht. Im Gespräch verraten Menschen Gedanken, von denen sie kein Wort gesagt zu haben glauben, und es bedarf langer Übung und Konzentration, um alle Lebenszeichen im Auge zu behalten. Gerade das ängstliche Bemühen um Selbstkontrolle reizt den Zuschauer. Er horcht auf, lauscht nach den ungesagten Wörtern, lugt gierig nach verborgener Bedeutung. Vor der Selbstdiskreditierung schützt letztlich nur gnädige Unaufmerksamkeit. Ausrutscher, Mehrdeutigkeiten oder Fehler werden so lange ignoriert, wie niemand unmittelbar geschädigt wird.

Mitwisser, Verräter

Unterstützung erhält das Individuum, wenn es seine Geheimnisse einem Dritten anvertrauen kann. Vom Mitwisser wird erwartet, daß er exklusive Informationen für sich behält. Lange Zeit wurde Diskretion durch die Institution des Berufsgeheimnisses gefordert. Der Arzt war gehalten, nichts über die Krankheit seines Patienten weiterzugeben. Der Bankier hatte Stillschweigen über die Transaktionen seines Kunden zu bewahren. Der Priester war zum Beichtgeheimnis verpflichtet, und der Rechtsanwalt durfte nichts enthüllen, was die Unschuldskomödie seines Klienten vor Gericht widerlegt hätte. Der Mitwisser macht ein fremdes Geheimnis zu seinem eigenen. Er verzichtet nicht nur auf die Kenntnis dessen, was ihm der andere unfreiwillig gezeigt hat. Gegenüber Dritten folgt er einem alten Leitsatz: Es darf weder gewußt werden, was nicht offenbart wurde, noch das, was absichtlich verborgen wurde.

Informationspolitik steuert die soziale Verteilung des Wissens. Sie trennt die Daten, die jedermann zugänglich sind, von jenen, welche den Eingeweihten vorbehalten sein sollen. Anders als Räume oder Dinge sind Informationen kaum an materielle Substanzen gebunden. Die Exklusivität eines privaten Geheimnisses ist daher ungleich schwerer zu verteidigen als ein Stück Land oder ein privates Zimmer. Was einmal bekannt geworden ist, kann nie mehr verheimlicht werden. Im Nu verbreitet sich das Wissen, wandert von Mund zu Mund, wird hier abgedruckt und dort. Dem einzelnen ist es nahezu unmöglich, den Weg falscher Nachrichten oder unautorisierter Bilder zu korrigieren. Weder Gerichtsbeschlüsse noch Ehrenerklärungen können einen lädierten Ruf wiederherstellen. Was einmal ruiniert wurde, ist für immer ruiniert.

Gefährdet wird das Informationsreservat zunächst durch einzelne Personen. Geheimnisse, die mehr als einer kennt, sind keine. Jeder Mitwisser kann zum Verräter werden und mit dem Hinweis auf mögliche Enthüllungen Zuwendungen erpressen. Der Verräter übermittelt an Dritte Informationen, die ihm unter dem Siegel der Verschwiegenheit anvertraut wurden. Er nutzt seine Kenntnisse zum eigenen Vorteil. Das Honorar kann in Anerkennung, Lob oder Geld gezahlt werden. Anders als die Klatschbase, die nichts für sich behalten kann, verrechnet der Verräter Verluste mit Gewinnen. Der Judaslohn erscheint ihm attraktiver als die Freundschaft des Opfers. Heimlich kündigt er das Vertrauensverhältnis. Während sich der Verratene noch in sicherer Verbundenheit wähnt, hat der Verräter längst die Seite gewechselt. Zur verabredeten Zeit öffnet er den Belagerern das Tor zur Festung des Privaten.

Der kühle Egoismus kann sich freilich als kurzsichtig erweisen. Die Prämie vor Augen ignoriert der Verräter oft die Folgen seiner Untat. Kaum hat er das Dokument übergeben, die Datei überspielt, die Tür geöffnet, wird er vom Empfänger bezahlt – und verstoßen. Nach Übermittlung der Nachricht hat er jeden Wert verloren. Mit leeren Händen sitzt er zwischen den Stühlen und tut gut daran, schleunigst den sozialen Kreis zu verlassen. Sein Ruf ist dahin. Wer die Seite wechselt, muß seine bisherige Existenz abschreiben. Auf Verräter ist niemals Verlaß. Wer den einen verrät, der verrät auch den anderen. Deshalb bemühen sich Verräter häufig darum, jeden Hinweis auf ihre Untat zu vertuschen. Obwohl eine übliche Form der Verbreitung sozialer

Information, haftet dem Verrat immer der Geruch persönlicher Treu- und Ehrlosigkeit an.

Denunzianten, Voyeure

Ein Sonderfall des sozialen Verrats ist die Denunziation. Sie gibt private Nachrichten aus der Familie oder Sippe, aus dem Kreis der Nachbarn, Arbeitskollegen, Glaubensbrüder oder Parteifreunde an die Verfolger weiter. Meist bewegt sich der Denunziant unauffällig unter seinen Opfern, aber manchmal mimt er auch den Wortführer des Unmuts, um Gleichgesinnte zu unvorsichtigen Bemerkungen zu verleiten. In der Oppositionsgruppe diskutiert er mit, am Arbeitsplatz hält er die Ohren offen, im Haus sucht er den Kontakt zu den Mitbewohnern, am Familientisch behält er alles im Sinn, was der Gast erzählt hat. Auf Dauer kann der Spitzel sein Werk jedoch nur verrichten, wenn er ein Doppelleben führt. Er lebt von der Ahnungslosigkeit der Opfer. Solange sie ihm vertrauen, erfährt er etwas. Und nur solange er etwas zu berichten hat, steht die Zentrale hinter ihm. Beim ersten Verdacht können die Ausgeforschten Vorkehrungen treffen. Sie erfinden falsche Daten und beschränken prekäre Gespräche auf den engsten Freundeskreis. So wundert sich der Spion plötzlich über die Harmlosigkeit der Konversation und ahnt nicht, daß die anderen ihn längst enttarnt haben.

Denunzianten dienen als Zwischenträger, Voyeure behalten alles für sich. Sie spionieren auf eigene Rechnung. Auch der Voyeur ist ein illegaler Sammler privater Informationen, aber sein Motiv ist weder ideologisch noch kommerziell. Lust und Neugier treiben ihn vor das Fenster oder Schlüsselloch. Nicht nur auf sexuelle Ereignisse ist er aus, sondern auch auf Briefe, Gespräche, Tagesabläufe oder Festplatten. Manche treibt die pure Schaulust, andere die Erregung des Tabubruchs, Dritte die heimliche Eroberung einer fremden Privatsphäre. Nicht immer sind

Voyeure oder Hacker auf die Schädigung ihrer Opfer aus. Häufig liegt ihr Genuß gerade darin, alles so zu lassen wie es ist. Der Voyeur ist da, geht und kommt wieder, ohne daß sein Opfer etwas ahnt. Die unbemerkte Gegenwart in einem fremden Leben verschafft ihm Genugtuung. Ohne selbst gesehen zu werden, rückt er seinem Opfer auf den Leib. Der Voyeur führt eine heimliche Existenz und hat doch Einblick in die intimsten Bezirke. Er sieht, was sonst jedem Blick entzogen ist. Die Eroberung der verbotenen Zone ist sein Triumph.

Indiskretion, Klatsch

Zu den Errungenschaften der Zivilisation gehört es, gewisse Dinge über andere nicht wissen zu wollen. Hat man dennoch etwas erfahren, ist es schicklich, Nichtwissen vorzutäuschen und intime Kenntnisse für sich zu behalten. Die Privatheit von Freunden schützt man, indem man nicht über sie tratscht. Solche Zurückhaltung ist allerdings immer weniger verbreitet. Indiskretion gilt geradezu als demokratische Tugend, da sie alle gleich zu behandeln vorgibt. Die Zudringlichkeit ist mit einem eklatanten Mangel für die Bedeutungsunterschiede zwischen den Menschen verbunden. Sie planiert das soziale Gefälle, indem sie alle Distanz zerstört. Wie der Eingriff in den materiellen Besitzstand als Vergewaltigung der Person und als Angriff auf seine Privatsphäre empfunden wird, so lädiert die Indiskretion das seelische Reservat der Person.

Eine Lieblingsbeschäftigung des animal sociale ist der Klatsch. Das Gerede über Dritte ist von erheblichem Unterhaltungswert. Es bringt Abwechslung in die Eintönigkeit des Alltags, liefert dramatische, traurige, aber auch erheiternde oder absurde Geschichten. Gemeinsam kann man Abwesende ungestraft beschimpfen, sich über ihre Schwächen amüsieren oder ihr arges Schicksal bedauern. Außenstehende kann man beleidigen und

Nahestehende loben. Im Klatsch tauscht man die letzten Neuigkeiten aus, man trägt Gerüchte weiter, erregt sich gemeinsam und lacht zusammen. Schadenfreude war schon immer die niedrigste Form menschlicher Geselligkeit.

Auf Wahrheiten kommt es beim Klatsch nicht an. Man teilt die gemeinsamen Vorurteile und spinnt zusammen seine Phantasien aus. Die üble Nachrede des Schimpfklatsches kümmert sich nicht um Tatsachen. Sie erhält ihre Nahrung vorzugsweise aus Verleumdungen, Gerüchten, Zerrbildern. Nicht Augenzeugen streuen die Nachrichten, sondern vermeintliche Ohrenzeugen. „Haben sie schon gehört?", „Stellen sie sich mal vor!" - so beginnen häufig die Geschichten. Man steht zusammen, tuschelt, gestikuliert, lästert, ergänzt und bestätigt einander. Die Schranken der Diskretion sind aufgehoben. Denn der Klatsch übermittelt Daten, die niemals für die Ohren Fremder bestimmt waren.

Klatsch hat mehrere Funktionen. Er gleicht das Informationsgefälle in der Gruppe aus und stärkt dadurch die inneren Bande. Private Nachrichten über Dritte bündeln sich zu einem kollektiven Wissen, zu einem offenen Geheimnis, das die Gruppe teilt. Indem sich die Schwätzer und Klatschweiber über Anrüchiges erregen, bestätigen sie einander im Gefühl eigener Rechtschaffenheit. Der Klatschkreis fühlt sich als Gemeinschaft der Gerechten. Zugleich dient die Nachrede als Waffe der sozialen Trennung. Die Uneingeweihten und Verachteten bleiben ausgeschlossen. Klatsch ist zwanglose Konversation auf Kosten Dritter. Er erkennt Rang, Ruf und Status zu und zieht dadurch eine Grenze zwischen Eingeweihten und Außenseitern.

Sozialdaten

Als Form der Geselligkeit beschränkt sich der Klatsch meist auf die Nahwelt einer Person, auf ihre Verwandtschaft, die Arbeitskollegen, die Nachbarschaft. Eine ganz andere Funktion haben persönliche Informationen für öffentliche und private Institutionen. Information ist die zentrale Machtquelle des modernen Verwaltungsstaates. Ohne Daten über Arbeit, Einkommen und Vermögen keine Steuererhebung, kein Versicherungswesen und keine öffentliche Wohlfahrt. Ohne Information keine innere und äußere Sicherheit, kein Schutz vor dem Verbrechen und kein Schutz vor fremden Invasoren. Der Sicherheitsstaat beruht auf der Kontrolle der Untertanen und auf der Transparenz der Lebensverhältnisse. Je umfangreicher seine Aufgaben, desto geringer der Wert der Privatsphäre. Schul-, Steuer- und Wehrpflicht, Vorsorge und Fürsorge wären gar nicht denkbar, ohne daß die Untertanen akten- und datenbankkundig wären. Big Data ist nur die Folge der bürokratischen Herrschaft.

Mit dem Übergang von der summarischen Gleichheit zur individuellen Gerechtigkeit ist der Informationsbedarf der Verwaltung rapide gestiegen. Wenn keiner mehr besitzen soll als sein Nachbar, muß nur auf Abweichungen von der Norm geachtet werden. Generelle Entscheidungen benötigen nur wenige Indizien. Beschlüsse im Einzelfall jedoch erfordern die Durchleuchtung privater Details. Soll jeder das Gleiche erhalten, erübrigt sich die Ausforschung des Individuums. Soll dagegen jeder das Seine erhalten, dann ist stets der individuelle Bedarf zu prüfen. Gerechtigkeit führt unweigerlich zur Erosion des Privaten.

Ermittelt werden die Daten im normalen Dienstbetrieb. Das wichtigste Hilfsmittel ist seit langem das Formular, ein Stück Papier mit Linien, Feldern und Kästchen, in das jeder seine Angaben einzutragen hat. Obwohl zur zügigen und präzisen Fallbearbeitung erfunden, sind Formulare zunächst ein bürokratisches Erhebungsinstrument. Nicht nur Identität, Familienstand oder Alter werden erfaßt, sondern auch sämtliche Einkommensquellen, das Vermögen, die Besitztümer naher Verwandter, die Ausstattung der Wohnung, der Inhalt des Kleiderschranks. Soziale Bedürftigkeit ist nur nachzuweisen, indem man die privaten Lebensverhältnisse offen legt. Arbeitsplätze sind nur zu vermitteln, nachdem der Klient seine Berufsbiographie, seine persönlichen Kenntnisse und Wünsche aufgelistet hat. Und die Genehmigung eines Bauantrags besteht nicht nur in der Prüfung des Bauplans, sondern auch des Bauherrn. Auf der Grundlage vollständig ausgefüllter Formulare entscheidet die Behörde. Standardisierte Informationen beschleunigen die Arbeit. Schriftlichkeit sichert die Nachprüfbarkeit der Bescheide, und sie archiviert das Wissen der Obrigkeit für lange Zeit.

Immense Kenntnisse tragen die Dienststellen zusammen. Steuerämter ermitteln Umsatz, Besitz, Ausgaben und Einkünfte der Firmen und Wirtschaftsbürger. Sozialkassen speichern Ansprüche und Auszahlungen, Gesundheits- und Beschäftigungsdaten. Schulbehörden führen Akten über Leistungen und Prüfungen, Meldeämter verzeichnen Aufenthalt und Wohnsitz, die Justiz dokumentiert Vergehen und Verbrechen. Eine Vernetzung sämtlicher Informationen ergibt ein nahezu vollständiges Bild des Untertanen.

Die Entwicklung des Wohlfahrtsstaates ging einher mit einer Explosion der Datenerfassung. In dem Maße, wie er Arme, Alte und Kranke versorgte und jedermann ein Existenzminimum zusicherte, wurde die Gesellschaft mit einem Erfassungs- und Verteilungssystem überzogen, das immer mehr Lebensbereiche der staatlichen Informationsmacht unterwarf. Die Sorge um materielle Subsistenz und politische Stabilität höhlte die private Lebensführung aus. Solange die öffentlichen Finanzen noch im Plus waren, kam es nicht auf jede Einzelheit an. Großzügigkeit kann sich mit summarischen Daten begnügen. Doch je knapper die Mittel, desto strikter die Kontrolle. Mißbrauch kann nun keinesfalls mehr geduldet werden. Finanznot zieht unweigerlich den Ausbau des Informationsapparates nach sich.

Sicherheitsdaten

Eine parallele Entwicklung zeichnet sich in der Administration des Sicherheitsstaates ab. Wirkliche und vermeintliche Gefahren, Terror, organisiertes Verbrechen, unkontrollierte Zuwanderung, politischer Extremismus und religiöser Fanatismus haben die Staatsorgane in Alarmbereitschaft versetzt und sie zur rapiden Ausdehnung der Überwachung veranlaßt. Anders als die Wohlfahrtsbehörden operieren die Agenturen der Sicherheit häufig verdeckt. Übeltäter dürfen nicht ahnen, daß man ihnen auf der Spur ist. Der gemeine Untertan wird ohne sein Wissen und gegen seinen Willen belauscht und beobachtet. Spione und Fahnder agieren wie Voyeure mit Dienstausweis. Ihre Neugier ist nicht zu befriedigen. Denn der Verdacht des Staates gegen seine Bürger ist nie und nimmer auszuräumen. Jeder kann auf eine Untat sinnen, jeder kann der Obrigkeit die geforderte Botmäßigkeit versagen. Für den Sicherheitsapparat ist die offene Gesellschaft zuletzt eine Ansammlung finsterer Gestalten, jedes Gehirn eine Quelle schwarzer Gedanken, jeder private Raum ein dunkler Abgrund, der bis in den letzten Winkel ausgeleuchtet werden muß. Verdächtig ist der Untertan immer. Daher ist die Aufgabe der Sicherheitsdienste niemals beendet. Immerzu sind sie dabei, die Spionage zu verbessern. Immer neue Gruppen geraten in den Blick, immer weiter werden die gesetzlichen Befugnisse gezogen, und wenn die Erlaubnis einmal versagt wird, operieren die Dienste notfalls jenseits der Regeln. Immer länger sollen die Daten aufbewahrt werden, damit niemand spurlos im Dickicht der Gesellschaft verschwindet. Leviathan hat riesige Ohren und Augen – und ein langes Gedächtnis.

Die Auswertung der Daten macht rasche Fortschritte. Die Informationsmacht expandiert sprunghaft, sobald verstreute Daten einem Individuum persönlich zugerechnet werden können. Anonyme Daten über Geburtenrate, Freizeitverhalten, Verkehrsaufkommen oder Beschäftigung erscheinen harmlos. Aber sobald einzelne Aspekte so kombiniert werden, daß sie direkt oder indirekt auf eine Person verweisen, ist der Schritt zum gläsernen Untertanen vollzogen. Durch die Vernetzung diverser Datenbanken läßt sich unschwer ermitteln, welche Vorlieben, Eigenheiten und Gewohnheiten jemand hat, welche Wege er durch den öffentlichen Raum nimmt, wen er trifft, mit wem er redet und an welche Adressen er seine elektronische Post verschickt.

Die Vernetzung der Daten zielt keineswegs nur auf die Durchleuchtung des Individuums. Zuletzt ist der Staat darauf aus, die sozialen Netzwerke zu erfassen. Er will wissen, welche Verbindungen zwischen den Untertanen bestehen, welche Gruppen, Gemeinschaften, Sekten und Zellen existieren. Zur Herrschaft über das Individuum kommt die Herrschaft des Staates über das Soziale, über jenes flüchtige Zwischenreich der Gesellschaft, das die Menschen miteinander verknüpft.

Arbeits- und Kundendaten

Das Idealbild des gläsernen Bürgers teilt die Staatsverwaltung mit den zentralen Einrichtungen der Wirtschaftsgesellschaft: mit dem kapitalistischen Betrieb und dem Warenmarkt. Anders als der Staat, der sämtliche Daten zu einem Gesamtbild der Person vereinen möchte, zielt der Markt zunächst nicht auf zentrale Erfassung. Jeder Konkurrent möchte einen kommerziellen Informationsvorteil erlangen und die Daten seiner Kunden für sich behalten. Nicht der allmächtige „Große Bruder", sondern viele kleine Brüder sind damit beschäftigt, die geheimen Wünsche und Tätigkeiten der Menschen zu ermitteln.

In den Betrieben ist den Arbeitskräften zunächst die Unzuverlässigkeit auszutreiben. Experten kontrollieren die Nutzung der Zeit, Ablauf und Qualität der Arbeit. Obwohl in der Markwirtschaft die Firmen dem privaten Sektor zugerechnet werden, sind die persönlichen Motive, Gedanken und Wünsche ein gefürchteter Störfaktor. Seit den Tagen der frühen Manufaktur heißt Betriebsdisziplin: Unterwerfung unter das Regime der Zeitökonomie, Verstetigung der Arbeit, Hierarchie der Kontrolle. Obwohl das moderne Management die persönlichen Bedürfnisse der Mitarbeiter auszunutzen sucht, dient die Arbeitskontrolle bis heute zur Unterbindung individueller Regungen. Privatgespräche gehören in die Pause, nicht in die Arbeitszeit; private Gedanken lenken von der Arbeit ab; private Sorgen und Stimmungen stören Leistungsbereitschaft und Arbeitstempo.

Gegen den privaten Untergrund hilft ein ganzes Arsenal von Überwachungstechniken. Jedes Telefonat kann registriert werden. Kameras zeichnen die persönlichen Kontakte am Arbeitsplatz auf. Kleine Netzwerk-Standortgeräte senden die Identität ihres Trägers mittels biometrischer Daten und machen sämtliche Bewegungen in einem Gebäude erkennbar. Jederzeit weiß man, wo sich jemand gerade aufhält, im Tagungsraum, im Archiv, bei Kollegen, in der Kantine, auf der Toilette. Computerarbeit erlaubt eine Verdichtung der Arbeitskontrolle, ohne daß die Beschäftigten den Blick eines Vorgesetzten auf sich spüren müssen. Programme beschatten Ordner und Dateien, machen regelmäßig Bildschirmaufnahmen, speichern jeden Tastaturanschlag, zählen die Fehler und protokollieren das Nichtstun, die Zeit, in welcher der Benutzer nichts am PC verändert.

Jenseits des Betriebszauns, auf den Warenmärkten herrschen andere Interessen. Hier sammeln Händler, Banken, Versicherungen oder Werbeagenturen Kundeninformationen, um persönliche Konsumprofile zu erstellen und neue Nischenmärkte zu erschließen. Wer die Verbrauchsmuster seiner Kunden kennt, kann sie mit Angeboten überraschen und sie zu binden suchen. Die Informationsgier ist beträchtlich. Denn nichts erscheint unwägbarer als die Schwankungen des Marktes, das Auf und Ab der Nachfrage, die Entwicklung der Moden, der Wechsel des Geschmacks. Im Wettbewerb gerät derjenige Anbieter ins Hintertreffen, der beim Wettlauf um Kundendaten den Anschluß verpaßt. Um neue Märkte zu erschließen, müssen präzise Daten über Zielgruppen mit speziellen Merkmalen gesammelt werden. Kombiniert man alle Verbrauchsdaten, die eine Person über ihre diversen Kredit-, Kunden- oder Automatenkarten hinterlassen hat, so weiß man ihren Geburtstag, den Titel ihrer Lieblingszeitschrift, den Familienstand, die bevorzugte Seifenmarke und den Versicherungsrabatt. Ohne den Kunden sonderlich zu belästigen, wird in den kommerziellen Datenbanken jeder Kauf registriert. Nicht selten folgen die Konsumenten allzu bereitwillig der Aufforderung, ihre Neigungen selbst zu enthüllen. Sie füllen Garantiescheine aus, nutzen die bequemen Service- und Bankkarten und ziehen auf diese Weise eine breite Spur hinter sich her, aus der ihre Wünsche und Gewohnheiten, ihre Reiserouten, Telefon-, Mail- und Medienkontakte zu entnehmen sind.

Obwohl als Ort der Freiheit gepriesen, schützt der Markt das Individuum mitnichten vor der Neugier der Anbieter. Um in der Konkurrenz zu überleben, sind die Unternehmen zum ständigen Ausbau ihrer Datenbasis gezwungen. Sie benötigen persönliche Informationen, um jene Produkte und Dienste zu plazieren, deren Verkauf ihre Existenz garantiert. Wie der Staat ist auch der Markt kein Hort der Privatheit. Sein Zwang wirkt lediglich indirekt. An Einfallsreichtum stehen kommerzielle Agenturen den staatlichen Behörden in nichts nach. So braucht am Ende die Obrigkeit viele Daten gar nicht mehr selbst zu erheben. Sie kann auf alles zurückgreifen, was private Einrichtungen bereits gesammelt haben. Und manchmal bieten die Firmen diese Dienstleistung von sich aus an, wenn ihnen ein lukrativer Suchauftrag winkt. Die unheilige Allianz der Institutionen sorgt dafür, daß sich das Individuum an keinem Ort vor fremden Blicken mehr sicher fühlen kann.

11. Gedankenfreiheit

Jede Macht, die auf die Knute der Gewalt verzichten will, hat zwei Aufgaben zu lösen: die Beobachtung des Handelns und die Lenkung der Gedanken. Zunächst muß sie das Tun der Menschen im Auge behalten, um gefährliche Verbindungen zu durchkreuzen und subversive Aktionen zu unterbinden. Überwachung soll schon im Vorfeld verdächtige Indizien und Geheimnisse aufspüren. Sie findet ihre Grenze jedoch an der Körperoberfläche des Menschen. Observation kann Schriftstücke erfassen, Gespräche notieren und Verhalten registrieren, aber keine Gedanken lesen. Menschen können sich immer in ihre innere Welt zurückziehen, in jenen Privatraum der Imagination, zu dem niemand direkten Zugang hat. Gegen diese Bastion zielt die Gedankenpolitik. Sie will nicht erforschen, was die Menschen denken, sondern ihnen einprägen, was sie überhaupt denken können. Beobachtung kommt meist zu spät. Keine Kamera kann eine Untat verhindern. Sie kann allenfalls dokumentieren, was gerade geschieht, und die Verfolgung erleichtern. Die Politik des Geistes hingegen sucht die Zukunft zu steuern. Sie will bereits den bösen Plan aufdecken, will die Gedanken so lenken, daß das Tun die gewünschte Richtung einschlägt.

Wie die Spionage sich gelegentlich robuster Mittel bedient, um Informationen aus den Körpern herauszupressen, so arbeitet auch die Gedankenpolitik keineswegs immer subtil oder verdeckt. Um Ideen, Gefühle und Erinnerungen ins Hirn zu stanzen, benutzte man schon immer physische Hilfsmittel. Die Geschichte der Pädagogik, der Propaganda und Zensur kennt Maßnahmen rabiater Repression, Methoden der Strafe, des Totschweigens, der Demütigung und Beschuldigung. Das Arsenal umfaßt nicht nur verlockende Belohnungen oder unmerkliche Manipulationen. Bis heute wird der geistige Privatraum durch Indoktrination besetzt. Das Ziel ist immer dasselbe: Formierung der Vorstellungen und Wahrnehmungen, Lenkung des Erinnerns, Fühlens und Wollens. Die Gedankenpolitik will den Menschen unter die Haut dringen und sie in ein inneres Gefängnis sperren.

Innere Unfreiheit

Die Formen innerer Unfreiheit sind mannigfach. Im Käfig der Sinne wird der Mensch derart mit Reizen überflutet, daß er nicht mehr zur Besinnung kommt. Signale ziehen die Aufmerksamkeit auf sich, Wünsche flackern auf und verlöschen wieder. Die Führung hat nicht die Vorstellungs- oder Urteilskraft, sondern der spontane Affekt. Getrieben von allerlei Verlockungen taucht der Mensch ein in den Strudel der Ereignisse. Er ist auf eigentümliche Weise willenlos, denn die Impulse verschwinden so plötzlich wie die Reize, die sie ausgelöst haben. Der Getriebene ist das, was er gerade erlebt. Ihm fehlt das Gefühl, daß er etwas zu entscheiden hat. Und es fehlt ihm die Gewißheit, daß er selbst es ist, der Entschlüsse zu treffen und zu verantworten hat. Er stolpert von Situation zu Situation. Die Welt nimmt ihn gefangen. Vollständig wird der private Innenraum von äußeren Reizen besetzt.

Eine kurzzeitige Reizüberflutung kann als Abwechslung willkommen sein. Sich durch ein Meer blinkender Lichter, Bilder, Auslagen und Gesichter treiben zu lassen und sich dabei selbst zu vergessen, ist ein harmloses Vergnügen, so lange man die Situation freiwillig aufsucht und wieder verlassen kann. Zur Deformation führt jedoch eine dauerhafte oder schockartige Überreizung, die den Wahrnehmungsschutz durchlöchert. Die große Stadt ist nicht nur der Geburtsort der modernen Privatheit, sie ist auch die Stätte des Massenkonsums, der Passagen und Kaufzentren, der glitzernden Zeichen, der lärmenden Dauerbeschallung. Niemals zuvor in der Geschichte des homo sapiens, nicht einmal in den Prunkpalästen der Despoten, hat es eine materielle Umwelt gegeben, in der Menschen mit so vielen optischen und akustischen Reizen gleichzeitig konfrontiert wurden. Generationen von Landbewohnern aus der Provinz, die zum ersten Mal eine Metropole aufsuchten, fühlten sich überwältigt von einer Umgebung, die ihre Sinneslust betörte, ihren Reizschutz aufbrach und zugleich ihre Habgier erregte. Die Wahrnehmungskraft des erfahrenen Stadtbewohners paßte sich zwar rasch an dieses Universum an. Aber auch für ihn hat das urbane Milieu seine ambivalente Bedeutung behalten. Er kann in die Welt „eintauchen" und es genießen, vom Getriebe erfaßt zu werden. Aber er kann auch inmitten der überfüllten, ohrenbetäubenden Welt manchmal den Überblick verlieren und mit dröhnendem Kopf durch die Gegend irren.

Den umgekehrten Weg wählt die Strategie des sensorischen Entzugs. Bevor sie zu einer bevorzugten Waffe der modernen Tortur wurde, bedienten sich viele totale Institutionen der systematischen Reizarmut. Einzelzelle und Einzelhaft, Sprechverbot, Klausur und Isolation - diese Maßnahmen entleeren die Umwelt und machen den Geist durch Askese gefügig. Hunger soll den Körper entkräften, den Stoffwechsel absenken, das Gedankentempo reduzieren und die Phantasie abtöten. Der Schmerz der Leere soll den Willen brechen und die bösen Begierden vertreiben. Die geduldige Zermürbung des Körpers läutert den Geist, betäubt die Sinne und blendet alle Gedanken aus, welche sich auf die niederen Instinkte und Verlockungen der Welt richten. Unnachsichtig ist das Verbot der Ablenkungen und wilden Assoziationen. Die Außenwelt verliert an Bedeutung. Es ist, als verginge die Welt wie Wasserblasen. Den Sinnen wird Schweigen auferlegt, die Seele gerät in tiefe Einsamkeit, in eine Einöde, wo Worte, Bilder und Geräusche nichts mehr besagen. Wo zuvor Wille und Eigensinn waren, ist nichts mehr. Die Unruhe ist vorbei, die Impulse sind erloschen. Nun kann die tabula rasa des leeren Gehirns neu beschrieben werden.

Im Käfig der Loyalität

Reize wirken nur, wenn Menschen dafür empfänglich sind. Verlockungen setzen voraus, daß sich das Opfer verführen läßt. Dosierter Reizarmut können sich Menschen auch freiwillig aussetzen, um in einen anderen Geisteszustand zu gelangen. Ganz anders verhält es sich im Kerker der Loyalität. Der Hörige handelt aus einem Willen heraus, der hinter seinem Rücken entstanden ist. Bei vollem Bewußtsein gehorcht er dem fremden Impuls. Die Phantasie ist nicht ausgedünnt wie unter der Oppression der Sinne. Sie ist höchst aktiv. Unablässig malt sich der Folgsame aus, was geschehen würde, falls er nicht tut, was von ihm erwartet wird. Ihn bedrohen nicht Kopflosigkeit und Desorientierung, Leere und Langeweile, sondern Ängstlichkeit und Gewissensnöte. Er will nur, was der andere will, und zwar nicht, weil er selbst dies will, sondern weil der andere es will. Das Pflichtgefühl wirkt wie ein unsichtbarer Tyrann. Ein eigener Wille erschiene als ruchloser Treuebruch, als sozialer Verrat.

Nicht nur der Knecht dient einem Herrn. Im Käfig der Loyalität bewegt sich auch der Lebenspartner, der über Jahre eigene Regungen und Wünsche so vernachlässigt hat, daß er sie am Ende gar nicht mehr bemerkt. In symbiotischen Verhältnissen verfügt der einzelne oft über ein erstaunliches Einfühlungsvermögen für denjenigen, von dem er abhängig ist. Er ahnt innere Regungen, noch ehe jener sie verspürt. Er sieht die Welt mit den Augen des anderen und vergißt dabei, den eigenen Blick zu schärfen. Jeden Wunsch liest er dem Nächsten von den Lippen und ist außerstande, noch eigene Wünsche zu bemerken. Er denkt, was der andere denkt, und hat über die Zeit die Fähigkeit verloren, noch einen eigenen Gedanken zu fassen. So verfestigt sich die abgeschirmte Zweisamkeit zu einer Intimwelt, in welcher der andere alles ist und das Individuum in der gemeinsamen Privatheit verschwunden ist.

Indoktrination

Die Versklavung des Hörigen tilgt eigensinnige Gedanken. Indoktrination dagegen redet den Menschen einen fremden Willen ein. Gedankliche Versatzstücke, Wortbrocken, Formeln, Parolen verkleben das Gehirn. An feste Assoziationsketten werden starke Gefühle geheftet. Es genügt ein Signalwort, um eine stereotype Formelreihe auszulösen. Die Nation, die Partei, der Anführer, der Fortschritt, die Solidarität, die Gerechtigkeit, der Erzfeind oder Rivale, an alle diese Imaginationen knüpfen sich handfeste Affekte und Stereotype. Die Leitgestalt, sie ist immer weitblickend, großartig, entschlossen, gütig, auch wenn sie einer anderen Welt angehört. Der Feind ist immer schmutzig, ekelhaft, bedrohlich, heimtückisch und grausam. Der Lakai fremder Gedanken hat keine Phantasie und kann sich keine Alternativen vorstellen.

Als Agenturen der Indoktrination operieren nicht nur die altbekannten Institutionen, die Sekten und Kirchen, Parteien und Bewegungen, die Prediger und Agitatoren. Auch scheinbar harmlose Einrichtungen betreiben sanfte Gehirnwäschen: Schule und Familie, die Medien, der Freundeskreis, Gesinnungsvereine, der Stammtisch. Man teilt dasselbe Weltbild, benutzt dieselben Wörter, denkt dieselben Gedanken, teilt dieselben Überzeugungen. Oft ist es eine dumpfe, durch endlose Wiederholung getrübte Ideenwelt. Der Mitläufer plappert die hohlen Phrasen nach, stimmt kopfnickend zu, wenn der andere sagt, was er selbst denkt, und wird wütend, wenn eine ungewohnte Vokabel in seinem Lebensmilieu auftaucht. Der Pedant und Doktrinär dringt auf den ausführlichen Nachweis aller Quellen und Methoden, prüft akribisch jeden Verweis und jede Fußnote und ist verwirrt, falls plötzlich ein ungewohnter oder gar neuer Gedanke auftaucht.

Sucht

Der Konformist bewegt sich in einem Gefängnis starrer Gedanken. Er spürt gar nicht, daß seine Denkfähigkeit längst beschädigt ist. Der Süchtige hingegen lebt im Kerker des Wiederholungszwangs. Seine Gedanken sind klar, seine Fähigkeit zur Selbstdistanz intakt, und dennoch wird er getrieben von einer fremden Kraft, einem inneren Zwang, der taub ist gegen alle Überredungskünste. Trotz aller Vorsätze, trotz aller Beschlüsse zur Enthaltsamkeit, gegen den aufsässigen Willen kommt der Geist nicht an. Bis in den Ruin treibt ihn die Sucht, nicht weil der Wille zu schwach wäre, sondern weil er durch Erfahrung nicht zu belehren ist. Das Dilemma des Süchtigen ist nicht die Schwäche seines Willens, sondern die Kraftlosigkeit seiner Urteile. Er ist der Sucht ausgeliefert, und daher erlebt er seinen Willen nicht als Teil seiner selbst, sondern als eine eigenständige, fremde Macht. Er kann sich alles vornehmen, und doch treibt es ihn wieder zur Arbeit, zum Spieltisch, in den Rausch. Dem Erfindungsreichtum sind kaum Grenzen gesetzt. Alles kann zur Droge werden, sei es Geld, Sex, Abenteuer oder Angstlust. Unter dem Bann der Sucht führt der Mensch ein monotones Leben. Immer wieder holt sie ihn ein. Sie betrügt ihn um seine Zukunft und bringt ihn um seine Gegenwart. Erfahrung macht ihn nicht klüger. Der beste Vorsatz kapituliert vor dem inneren Zwang. Auch nach erfolgreichem Entzug genügt eine winzige Verlockung, und er ist wieder derjenige, der er war.

Der Süchtige ist außerstande, über sich Regie zu führen. Ermahnungen richten ebensowenig aus wie energische Vorsätze. Der Wille ist stärker und sperrt die Person in das innere Gehäuse. Umgekehrt wirken äußere Zwangslagen. Sie rauben dem Menschen alle Freiwilligkeit. Er erlebt sein Denken und Tun als ein Muß. Er muß sich etwas einprägen, muß sich einer Sache erinnern, muß das Richtige denken, muß sich einer Anweisung fügen, muß der Drohung entsprechen, will er nicht massive

Nachteile riskieren. Anders als der Süchtige, dessen Willen sich jeder Einsicht entzieht, beruht das widerwillige Tun häufig auf klarer Abwägung von Vor- und Nachteilen. Der Erpreßte tut, was er tun muß, obwohl er es nicht will. Aber er tut es, weil ihm die Kosten für Widersetzlichkeit höher erscheinen als die Rebellion gegen den Zwang.

Politik des Geistes

Die Formierung des Geistes vollzieht sich oft mit erheblichem Nachdruck. Mit Neugier, didaktischen Finessen und sozialer Überredungskunst allein sind keine Kulturtechniken zu vermitteln. Der Erwerb der Sprache, der Logik und des Wissens bedarf ausgeklügelter Methoden. Die Bild- und Sprachpolitik prägt den Menschen Muster des Sehens, Denkens und Redens ein. Sie sollen sich verständigen und ein verbindliches Vorstellungssystem teilen. Die Gedächtnispolitik wiederholt immerzu die erwünschten Geschichten und drängt unerwünschte Erinnerungen beiseite.

Welcher Verfahren bedient sich die Politik des Geistes? Wie geraten die Menschen in die Käfige innerer Unfreiheit? Das Instrumentarium ist vielfältig und gilt heutzutage als selbstverständliche, ganz unverdächtige Kulturtechnik. Zunächst werden die Ereignisse und Sachverhalte mit eindeutigen Wörtern belegt und in Klassen einsortiert. Diese Ordnung der Dinge bildet die elementare Struktur kollektiven Wissens. Doppeldeutigkeiten und Überschneidungen werden getilgt. Sodann werden die Elemente zu handlichen Lektionen, Programmen oder Modulen verschnürt, in eine Reihenfolge gebracht und Schritt für Schritt vermittelt. Jedem Niveau entsprechen bestimmte Aufgaben; ihre Abfolge ergibt eine nachprüfbare Stufenleiter der Entwicklung. Nicht die ungezügelte Assoziation, die Montagen der Phantasie, die Metaphern, Analogien oder Metonymien des wilden

Denkens sind in der Pädagogik und Didaktik gefragt, sondern eindeutige Zuordnung, schrittweise Abfolge, kanalisiertes Denken. Die Zerlegung und Kombination der Elemente schafft ein standardisiertes Wissen, welches jeder erlernen kann, ein überschaubares Universum, dessen Grenzen auch die Grenzen des Geistes sind.

Zur Standardisierung des Weltbilds gehört die Reglementierung der Sprache. Fibeln für den korrekten Sprachgebrauch, Erlasse der Obrigkeit für Wortschatz, Grammatik und Rechtschreibung, fortwährende Überwachung der Redeweisen in der Familie, im Kindergarten, der Schule und Hochschule, in den Redaktionen und Verwaltungen – immerfort sind die Agenten der Sprachpolitik damit beschäftigt, Stil und Vokabular zu bewerten und den Zeitgenossen die rechten Worte in den Mund zu legen. Unziemliche, verwerfliche, diskreditierende oder politisch unliebsame Redeweisen werden markiert und aus dem Sprachschatz verbannt. Statt dessen verbreiten sich Euphemismen, die Tatbestände umdeuten oder verharmlosen. Entlassungen heißen „Freisetzungen", Lehrlinge nennt man „Auszubildende", Krüppel „Behinderte", Drohungen „Friedensangebote" und Eroberungen „Befreiungskriege". Staatliche Eingriffe ins Privatleben dienen nun dem „Schutz der Bürger", der „sozialen Gerechtigkeit" oder dem „Gemeinwohl". Eine Steuererhöhung gilt nicht als Akt politischer Willkür, sondern als „staatspolitische Notwendigkeit", die schnöde Gier nach Macht, nach Posten und Pensionen verkleistert man als Tugend der „politischen Verantwortung".

Der Standardisierung folgt die Übung. Sie stellt dem Geist regelmäßig abgestufte Aufgaben. Vor der freien Fähigkeit liegen die Fesseln der Gewohnheit. Immer wieder wird die Übung repetiert, bis sich der Stoff, die Bewegung, die Formel so eingeprägt hat, daß man sie im Schlaf beherrscht. Nicht Überzeugung, sondern Drill bricht den Widerstand des Uneinsichtigen. Selten nur sind die Wiederholungen freiwillig. Angst vor Mißachtung und Strafe, Aussicht auf Belohnung und Bestätigung helfen dem Unwilligen auf die Sprünge. Die Furcht vor Herabstufung macht Leistung zum sozialen Zwang.

Begleitet wird die Übung durch die fortwährende Korrektur der Fehler. Dies kann ein kleiner Verstoß sein, eine Nachlässigkeit, ein Mißgeschick oder eine Unfähigkeit, die durch Wiederholung ausgebessert wird. Wer das Gedicht, das Glaubensbekenntnis, die Vokabeln, das Einmaleins nicht aufsagen kann, wird so lange zum Üben angehalten, bis er die Aufgabe fehlerlos erfüllt. Oder er muß sich das Wort mit gefalteten Händen so lange anhören, bis es sich ein für allemal eingeprägt hat. Beim Diktat drohen Rotstift und Zensur. Die Korrektur sagt, was gilt, und sie ahndet die Abweichung mit endlosen Übungen. Sie setzt die Norm durch, indem sie Fehlern Sanktionen zuordnet. Auch wenn die zeitgenössische Pädagogik den Vorrang sozialer Fähigkeiten propagiert, kommt auch sie ohne Tadel und Zurücksetzung kaum aus. Der Eigenbrötler, der Verstockte, Schweigsame oder Schüchterne wird dem Kommunikationszwang unterworfen wie einst der Faulpelz dem Drillzwang. Er soll das Reden üben, um die Lehrkraft nicht zu enttäuschen, soll soziale Beteiligung üben, auch wenn es ihm nicht paßt. So lange wird auf ihn eingeredet, bis er selber redet; so lange wird er beraten, analysiert und therapiert, bis sein Wille so umgeformt ist, daß er kaum mehr bemerkt, daß es ein fremder Wille ist, der ihn eine freundliche Miene aufsetzen läßt.

Um Lob zu erlangen, muß der Kandidat mehrere Prüfungen bestehen. Die Fortschritte werden dokumentiert und bewertet. Prüfungen verknüpfen die Wissenskontrolle mit einem Machtzeremoniell. Am Prüfling wird erhoben, was allein für den Lehrer bestimmt ist. Die Prüfung macht sein Wissen sichtbar und fragt die korrekten Gedanken ab. Sie registriert seine Fähigkeiten und Willenskräfte und speichert das Ergebnis ab. Im Dossier wird der Kenntnisstand festgehalten und mit dem Niveau anderer Prüflinge verglichen. In der Kontrolle des Wissens vereinigen sich Überwachung und lautlose Gedankenpolitik.

Gedächtnispolitik

Auf korrekte Erinnerungen zielen die Maßnahmen der Gedächtnispolitik. Sie sortieren die Ereignisse, derer gedacht werden soll, und übergeben alle anderen Begebenheiten dem Vergessen. Der Sinn der Vergangenheit verändert sich mit dem Fortgang der Gegenwart. Obwohl an den Tatsachen nichts zu ändern ist, wird die Geschichte laufend umgeschrieben. Mythen und Legenden ranken sich um die Gründung von Staaten, Nationen und Institutionen. Jeder Generation werden sie eingeprägt, damit der Nachkömmling erkennt, woher er kommt, wer er ist und wem er nachzustreben hat. Auch private Beziehungen greifen regelmäßig auf Erinnerungen zurück, wenn das Reservoir an Gemeinsamkeiten zu erschöpfen droht. Erinnerungen festigen den Zusammenhalt und glätten die Unterschiede. Wenn das Gefühl der Zusammengehörigkeit schwindet, bleibt immer noch die Gemeinsamkeit der Vergangenheit.

Besonders prekär ist die Erinnerung an eigene Niederlagen, Untaten oder Verbrechen. Mahnrufe und Zeremonien, Appelle an Scham oder Schuld begleiten die Arbeit an der kollektiven Vergangenheit. Im allgemeinen werden Verbrechen zunächst geleugnet, verkleinert oder totgeschwiegen, um schließlich irgendwann vergessen zu werden. Es ist keinesfalls die Regel, daß Individuen oder Kollektive die Schuld eingestehen, die sie auf sich geladen haben. Manchmal dauert es Jahrzehnte, bis die Bereitschaft wächst, die Tatsachen anzuerkennen. Aber auch verordnete Erinnerungspflichten oder späte Schuldeingeständnisse taugen schwerlich dazu, die Seele wieder ins Gleichgewicht zu bringen und alte Ressentiments zu überwinden.

Niederlagen rufen nicht selten Trotz oder Dolchstoßlegenden hervor. Für die Schmach sind andere verantwortlich: Fremde, Nachbarn, Verräter in den eigenen Reihen. Ist der nationale Untergang mit einem großen Verbrechen, einem Massaker oder Völkermord verknüpft, wird die Katastrophe eine Zeitlang verschwiegen, bis man die Erinnerung als Sieg eigener Moral feiern kann. Gutgelaunt gibt man die Niederlage als Befreiung aus und reiht sich in die Parade der Sieger ein. Wenig erwünscht sind in solchen Geschichtsbildern die privaten Erinnerungen an die Untaten der Gegenseite, an die Opfer in der eigenen Familie, an die Vertreibung aus der Heimat, die Zerstörung der Städte. Wer die halbierte Erinnerung kritisiert und das private Gedächtnis neben das offizielle stellt, gerät augenblicklich in den Verdacht der Aufrechnung, der Entschuldung oder Entsorgung. Das normierte Gedächtnis will keine weiteren Wahrheiten neben sich dulden. Aber Erinnerungen lassen sich auf Dauer weder mit Moral noch Mißachtung tilgen. Sie kehren zurück, als Ressentiment, als Symptom. Im besten Falle werden sie als Teil eines vollständigen historischen Gedächtnisses akzeptiert.

Die Agenturen der Gedankenpolitik können sich ihrer Sache so lange nicht sicher sein, wie die menschliche Einbildungskraft nicht gelöscht und die Gehirne noch nicht vollständig programmierbar sind. Inmitten des Konformismus überleben unerbetene Erinnerungen, entwickeln sich verfemte Vorstellungen, kursieren Schriften im Untergrund. Häresie und Ketzerei, Widerstand und Subversion, Inseln privater Freigeisterei, all dies wäre unmöglich, wäre die Macht über die Innenwelt total und jeder freie Gedanke bereits getilgt.

Redefreiheit

Für die geistige Wohlfahrt der Nation ist die Freiheit der Rede und Gedanken unverzichtbar. Sie verhindert den Stolz des

Dogmatismus und bewahrt vor den Versuchungen der Selbstgerechtigkeit. Das Gefühl eigener Unfehlbarkeit stützt sich häufig auf die Unterdrückung anderer Meinungen. Ohne Widerspruch bleibt nur die Wiederholung der immer gleichen Ideen. Ohne den Dialog widerstreitender Vorstellungen erstarrt die Gedankenwelt in Formeln und Schablonen. Je häufiger ein Gedanke nämlich wiederholt wird, desto glaubhafter erscheint er. Nicht auf begrifflicher Klarheit, empirischen Beweisen und logischen Schlußfolgerungen gründen viele Überzeugungen, sondern auf Gewohnheit. Denkroutinen stanzen die Schlagworte im Gehirn ein und blockieren weitere Bedenken, bis schließlich die Idee zur Ideologie, die Rede zur Worthülse, der Geist zur Maschine erstarrt ist.

Nur der Streit kann aus der Mannigfaltigkeit der Behauptungen die Wahrheit herausfiltern. Um eine Beschreibung als wahr und ein Gebot als richtig zu erkennen, bedarf es der vollständigen Freiheit zur Mißbilligung. Nur durch Kritik werden Menschen – manchmal – klüger, nur der Schmerz des Irrtums weist ihnen den Weg zur Wahrheit. Das Gute an einem Fehler ist bekanntlich, daß man ihn beim nächsten Mal wiedererkennt.

Daß sich Wahrheiten beweisen und Normen ein Stück weit begründen lassen, rechtfertigt keine Zensur falscher oder verderblicher Ideen. Der Mißbrauch des Verstandes ist kein Grund, seinen weiteren Gebrauch zu verbieten. Und es ist auch kein Beweis für Courage, Meinungen, welche man für gefährlich, irreführend oder unmoralisch hält, kurzerhand zu verbieten. Es ist ein großer Unterschied, ob man eine Behauptung für richtig hält, weil sie alle Angriffe überstanden hat, oder ob man eine Behauptung für richtig hält, weil man ihre Widerlegung untersagt hat. Verstocktheit und Unbelehrbarkeit rechtfertigen kein Redeverbot. Historische Tatsachen zu leugnen und erdrückende Beweislasten zu ignorieren, ist kein Verbrechen, sondern eine Idiotie. Hierfür ist nicht die Justiz zuständig, sondern die Psychiatrie. Dummheit und Propaganda begegnet man nicht mit Zensur, sondern mit allen Mitteln öffentlichen Widerstreits. Überzeugungskraft erhält ein Urteil dadurch, daß man es berichtigen kann, sofern es falsch ist. Dies aber verlangt, daß die Mittel der Korrektur stets bereit sind, daß jedermann in seinen Worten und Gedanken frei ist.

Wie die Geschichte der Ideen zeigt, triumphiert die Wahrheit nur selten über Macht und Verfolgung. Es ist eine historische Sentimentalität zu glauben, die Wahrheit gelange früher oder später von selbst ans Tageslicht. Jahrhunderte dumpfen Irrglaubens und geistiger Tyrannei hinderten Generationen von Menschen am selbständigen Gebrauch der Vernunft. Denkverbote und modisches Geschwätz lullen auch heute noch viele Zeitgenossen in wohlige Torheit ein. Weil Menschen für Irrtümer ebenso empfänglich sind wie für Wahrheiten, bedürfen sie der Gedankenfreiheit. Denn nur der Widerspruch kann sie vor Leichtgläubigkeit und geistiger Trägheit bewahren.

Kritik der Religion

Nichts darf von der Freiheit der Gedanken ausgenommen werden. Auch das Heiligste kommt nicht zu Ehren, ehe der Teufel nicht alles dagegen gesagt hat. Da aber der böse Advokat um weitere Einwände niemals verlegen sein wird, ist absolute Gewißheit niemals zu erlangen. Es ist dem Dämon auch gestattet, die Sache auf die Spitze zu treiben, sich der Polemik, des Spotts oder der Verlästerung zu bedienen. Das gemütvolle Plädoyer für Toleranz und Sittsamkeit soll nur die eigene Feigheit schützen.

Die wichtigste Arena geistigen Streits war einst die Religion. Um den Bürgerkrieg zu beenden, erklärte man den Glauben zur Privatsache und entschärfte dadurch eine Zeitlang den religiösen Antagonismus. Seit die Freiheit des Glaubens garantiert ist, scheint vielen die Angelegenheit erledigt. Statt Kritik und Polemik fordert der Zeitgeist Dialog, Verständnis, Nachsicht und Wohlverhalten. Mit dem Drama religiöser Erlebnisse, dem Mob der Halbgläubigen, den Riten und Mythen, der – fragwürdigen – Evidenz göttlicher Offenbarung mag sich kaum jemand ernstlich befassen. Sich zu einem Glauben offen zu bekennen, hinterläßt bei nicht wenigen pure Verlegenheit. Das Unbehagen an der entzauberten Moderne ist noch kein Humus für neue Gläubigkeit. Aufwallungen während der Wachablösung im Amt des Petrus hat weniger mit Religion als mit wechselnden Massenaffekten angesichts cäsarischen Prunks zu tun. Mit der Traditionslast theologischen Scharfsinns möchte sich der abgeklärte Zeitgenosse ohnehin nicht mehr abgeben. Obskure Frömmeleien, liturgischer Pomp oder fanatischer Eifer lösen allenfalls ratloses Kopfschütteln aus. Damit ist weder dem Bedürfnis nach Spiritualität beizukommen noch sind so die Attacken auf die Privatheit und die Freiheit des Geistes zu parieren.

Die Kritik der Religion ist mitnichten abgeschlossen. Die Brisanz der aktuellen Konflikte ist kein Grund, die religiösen Mythen, Lehren und Kulte, welche von Menschen erfunden und überliefert wurden, vor menschlicher Urteilskraft in Schutz zu nehmen. Die Einsicht, daß alle Dämonen und Götter Kreationen von Menschen sind, wäre unwahr, wenn sie nicht auch auf den einen, „allmächtigen" Gott zuträfe. Gottesbilder sind bekanntlich Vorstellungen über Gegenstände, an die man glauben, von denen man aber zuletzt nichts wissen kann. Gotteslästerung ist daher ein Ding logischer Unmöglichkeit, auch wenn Menschen, die an die jeweiligen Götter inbrünstig zu glauben vorgeben, sich persönlich beleidigt fühlen. Über etwas, dessen Existenz prinzipiell unbestimmbar ist, kann man alles und nichts sagen. In keinem Fall folgt aus der metaphorischen Rede über Gott eine einzige wahre oder falsche Beschreibung einer Wirklichkeit, welche unabhängig vom Glauben derer existiert, welche diese Rede pflegen.

Nicht weniger glaubwürdig ist die Vorstellung, der höchste Gott sei zugleich allmächtig, gerecht und gütig. Denn wie verhält es sich mit dem leidigen Problem der weltlichen Übel? Entweder will der allmächtige Gott die Laster und Übel beseitigen und er kann es nicht, oder er kann es und will es nicht, oder er will es nicht und kann es nicht, oder er will es und kann es. Falls er es will und nicht kann, dann ist er schwach, ohnmächtig, das Gegenteil eines Gottes. Wenn er kann und nicht will, ist er mißgünstig, rachsüchtig, bösartig, was Gott im allgemeinen fremd sein soll. Wenn er nicht will und nicht kann, ist er sowohl mißgünstig als auch schwach und deshalb auch nicht Gott. Wenn er aber will und kann, woher kommen dann die Übel und warum beseitigt er sie nicht? Mehr noch: Wenn Gott gütig und gerecht ist, warum ist für endliche Schuld von Menschenhand eine unendliche Strafe vorgesehen, so daß es eines Menschenopfers bedarf, um alle zu erlösen? Solche Unverhältnismäßigkeit der Mittel ist denkbar ungeeignet zur Versöhnung und Gerechtigkeit.

Der inbrünstigen Verehrung eines heiligen Idols ist mit solch logischen Bedenken niemals beizukommen. Ebenso wenig läßt sie sich von übler Nachrede oder blasphemischen Spottversen und Karikaturen beeindrucken. Das populäre Gerede von der „Verletzung religiöser Gefühle“ mißachtet die Essenz religiöser Erfahrung. Daß Menschen glauben, ihrem Gott beispringen zu müssen, hat mit wahrer Frömmigkeit nichts zu tun. Im Gegenteil: Es ist eine Anmaßung ohnegleichen. Götter oder Propheten können durch Bilder unmöglich verunglimpft werden. Nur wer seine Götter zu Menschen degradiert hat, kann überhaupt auf die Idee kommen, sie vor Angriffen anderer Menschen schützen zu müssen. Der wahrhaft Gläubige steht weit über solch profanem Treiben. Heiliger Zorn erfaßt weniger den Frommen als den Halbgläubigen, der sich verspottet fühlt, weil er von seinen eigenen Überzeugungen nicht mehr überzeugt ist. Bigotterie, Fanatismus und Gewalt haben ihren Grund nicht in religiöser Inbrunst, sondern in der Brüchigkeit eines Glaubens, der sich selbst nicht recht glauben will. Wer sich seiner heiligen Sache wirklich sicher ist, der benötigt keine beleidigtes Wehgeheul, kein Rachegebrüll, keinen Scheiterhaufen, geschweige denn einen Sprengstoffgürtel.

Dogmen, Leitsprüche, Zeremonien oder Tabus sind nur das Mausoleum einer Religion. Ein Glaube, welcher den Namen verdient, ist kein frömmelnder Humanismus. Religion ist Geschmack fürs Unendliche, fürs Unsichtbare und Übermächtige. Sie hat ihre Wurzel nicht in Buchstabentreue, nicht in beflissenem Gehorsam, billiger Tröstung oder dem Drang zu guten Taten. Seinen Grund hat der Glaube in der Erfahrung des Heiligen. Die sichtbare Welt erscheint als Teil eines höheren, geistigen Universums und erhält erst durch dieses ihre Bedeutung. Der Gläubige ist vom Göttlichen ergriffen, sei es im Widerfahrnis persönlicher Offenbarung, sei es in Momenten selbstloser Ekstase, der Verzückung, der Andacht oder Meditation, sei es vermittels kollektiver Riten, in denen das religiöse Urerlebnis wiederbelebt wird. Religion ist keine Option, sondern ein innerer Zwang. Man kann einem Glauben nicht beitreten, so wie man einer Kirche oder Partei beitritt. Der wahrhaft Gläubige hat gar keine Wahl. Die Erfahrung des Heiligen beruht nicht auf seiner freien Entscheidung. Die Offenbarung des Göttlichen hat für ihn unmittelbare Evidenz.

Auch wenn der Gottesglaube intellektuell schwerlich haltbar ist, so ist das spirituelle Bedürfnis doch weithin verbreitet. Menschen machen wiederholt die Erfahrung, daß das, was ihnen widerfährt und was ihren Handlungen nachfolgt, nicht allein von ihnen selbst abhängt. Manche Menschen glauben daher, daß übersinnliche Kräfte für ihr Schicksal verantwortlich seien, für ihre Geburt, ihr Dasein, ihren Tod. Zufälle der Rettung, der Heilung, des Glücks oder des Unheils scheinen auf eine Macht zu verweisen, der man danken, die man anflehen oder auch verfluchen kann. Nur sie könne von der Last der Sterblichkeit befreien, dem profanen Leben ein inneres Ziel und dem Leiden eine höhere Bedeutung verleihen. Der Bedarf nach Halt und Sinn, nach Selbstüberwindung und nach der Illusion der Unsterblichkeit ist seit je der Nährboden religiöser Bindung. Aber der Wunsch, an etwas zu glauben, ist kein zureichender Grund für den Glauben, sondern nur Wunschdenken. Schlimmer noch: Eine Meinung, welche lediglich auf einem Wunsch beruht, führt zwangläufig zur Verleugnung der Tatsachen. Nur deswegen entgeht der Glaube an höhere Wesen der Halluzination, weil das Objekt des Glaubens im Übersinnlichen liegt und gegenüber empirischen Evidenzen immun ist. An Götter kann man ungestraft glauben, ohne sich in eine Wahnwelt zu verlieren.

Der Wunsch nach Sinn und Unsterblichkeit ist auch das Einfallstor der Mission. Der Dialog zwischen den Religionen zielt nicht auf einen freundlichen Ideenaustausch zum gegenseitigen Einvernehmen. Die Vorstellung, Dialog und Respekt seien zwischen den Konfessionen und Religionen stets möglich, weil angeblich alle Menschen die gleiche spirituelle Not verspüren, ist nichts als ein Mythos. Im Konflikt der Religionen geht es nicht um Toleranz oder Frieden, sondern um den Primat der eigenen Offenbarung. Das religiöse Wort ist Verkündigung. Es sagt dem Andersgläubigen nicht das gänzlich Unbekannte, sondern erschließt ihm den verborgenen Sinn dessen, was er in seinen Vorstellungen längst berührt. Nur wem die Erfahrung des Heiligen gänzlich abhanden gekommen ist und das gottgefällige Leben für eine Privatangelegenheit hält, kann vom Diskurs der Religionen allen Ernstes eine friedliche Anerkennung aller Irrwege erwarten.

Religion verschafft Gewißheit in Angelegenheiten, die man weder sehen noch beweisen kann. Sie sorgt für stabile Überzeugungen, wenn etwas nicht von sich aus einleuchtet. Daher der Hang zum Dogmatismus. Er schützt die Lehrsätze, deren Widerlegung bodenlose Ungewißheit mit sich bringen würde. Die Macht des Zweifels verlangt nach reiner Lehre. Wem die Evidenz des Heiligen selbst nicht zuteil wurde, beharrt um so starrköpfiger auf der Frömmigkeit aus zweiter Hand. Bedingungslos verteidigt er das Zeugnis, die Autorität des Stellvertreters oder Propheten. Solcher Halbglaube tritt stets mit einem penetranten Anspruch auf Willfährigkeit auf. Da ihm die letzte Sicherheit der Gnadengabe fehlt, benötigt er als Stütze die Hoffnung und die Buchstabentreue. Eine Sphäre privater Überzeugungen akzeptiert er niemals. Der Halbglaube kennt keine Kompromisse und ist notorisch beleidigt. Der religiöse Eiferer vermag Wort und Bild nur wörtlich zu nehmen. Doppelbedeutungen wie Scherz, Satire oder Ironie bringen sein Götzenbild ins Wanken. Unter Halbgläubigen gibt es wenig zu lachen.

Der Ärger von Mitläufern und Halbgläubigen kann unmöglich der Prüfstein dafür sein, welche Äußerungen in einer Gesellschaft erlaubt sind. Jede Attacke, der man schwer begegnen kann, erregt die Gemüter, löst Wutausbrüche aus und nährt Ressentiments. Aber dies ist kein Grund, die Rede- und Gedankenfreiheit auf ein vermeintlich faires Maß zurechtzustutzen. Wo sollen die Grenzpfosten gesetzt werden? Der Groll der Unterlegenen ist kein Leitfaden für Selbstzensur. Grobheiten, Sarkasmen, Verdrehungen, Verleumdungen gehören ebenso zum Meinungsstreit wie Bosheiten, Eiferertum und Unduldsamkeit. Sie können nur in dem Maße bekämpft werden, wie das Wort frei ist, wie man Taktlosigkeiten widersprechen kann. Eine Freiheit, die nicht mißbraucht werden kann, ist keine. Freiheit schließt nicht die Pflicht ein, stets das Richtige zu denken und stets das

Gute zu tun. Bosheiten sind nicht das Ergebnis der Freiheit, sie sind ihr Beweis.

Manche Anhänger des modischen Kulturrelativismus sind jedoch bereit, auf Freiheit und Wahrheit zu verzichten. Im Namen der Eintracht, des Friedens, ja des Privaten möchten sie Andersgläubige keinesfalls behelligen, sei es aus Furcht, aus Gleichgültigkeit oder Oberflächlichkeit. Sie verwechseln Religion und Ideologie mit einer Privatsache, obwohl es doch das Bestreben jeder Ideologie ist, die Festung des Privaten zu schleifen und alle Menschen in folgsame und glückliche Anhänger zu verwandeln. Die geistige Feigheit ebnet jenen den Weg, die jeden freien Gedanken auf ihrem Index haben.

Gedankenfreiheit gewährt Freiheit für jeglichen Glauben, für Offenbarungen und fromme Lebensformen jeder Couleur. Aber sie garantiert ebenso die Freiheit von jedem unglaubwürdigen Glauben, von jeder Religion und Illusion. Nie und nimmer gebietet sie die Pflicht, zugunsten eines Glaubens auf Wissen und Wahrheit zu verzichten. Keine Religion ist sakrosankt. Ein jeder mag glauben, was er will, aber er kann nicht erwarten, daß andere für heilig erachten, was er selbst für heilig hält. Ein jeder mag andere von seinem Glauben zu überzeugen suchen, aber er kann nicht damit rechnen, daß sein Glauben von der Kritik ausgenommen sei und Anspruch auf besonderen Schutz habe. Das Recht auf Privatheit schiebt dem Imperialismus der Religion einen Riegel vor. Niemand ist dazu verpflichtet, nach dem Willen eines Gottes zu leben oder irgendeinem frommen Ansinnen Glauben oder auch nur Respekt zu schenken.

Unmündigkeit

Die Freiheit des Geistes bewahrt vor übereilter Zustimmung, vor falscher Eintracht, vor dem Schlummer der unbestrittenen

Meinung. Der Konsens, der auf Beweise glaubt verzichten zu können, endet in Konformismus, Unmündigkeit und Gehorsam. Die Gründe für eine Behauptung bestehen zu einem guten Teil in der Widerlegung der Scheingründe der Gegenseite. Eine Wahrheit kann man nur dann richtig besitzen, wenn man sie aktiv zu verteidigen versteht und die Feinde der Freiheit rechtzeitig zu erkennen vermag.

Trägheit, Feigheit und Gleichgültigkeit sind noch immer die wichtigsten Ursachen der Unmündigkeit. Nicht gesellschaftliche Verhältnisse, nicht das marode Erziehungswesen, nicht die säkulare Entwertung alter Werte sind dafür verantwortlich, daß Menschen im Dämmerschlaf des Konformismus verharren. Unmündigkeit ist selbstverschuldet. Viele Menschen bevorzugen die bequeme Unselbständigkeit. Sie sind zu faul, sich ihres Verstandes zu bedienen und überlassen das Urteil lieber anderen. Nicht die Arbeit des Begriffs erschöpft sie, sondern die Gewohnheit des Nichtstuns. Sie lassen andere für sich sprechen, denken und handeln und ziehen sich in den Käfig der Passivität zurück. Die Feiglinge wiederum geben sogleich Fersengeld, wenn irgendwo ein Streit entbrennt. Wittern sie Widerspruch, beklagen sie fehlende Toleranz. Stets bevorzugt der Duckmäuser Gleichgesinnte und Gleichgestellte. Lieber wirft er sich zu Boden als einer Attacke standzuhalten. Der Gleichgültige endlich stellt sich blind und taub. Geschieht nebenan eine Untat oder ein Unglück, zuckt er die Achseln und geht weiter. In seinem Winkel will er so bleiben, wie er ist. Alarmrufe warnen ihn vor naher Gefahr, damit er sich rechtzeitig abwenden kann. Mit Vorliebe empört er sich, weil Entrüstung nichts kostet und die Anklage anderer die eigene Untätigkeit rechtfertigt. Keine Änderung der Sitten und keine Sozialreform wird diese Laster und Untugenden vertreiben, sondern nur die persönliche Revolution der Individuen. Wer aus eigenen Stücken auf die Waffen der Kritik verzichtet, der läßt seine Urteils- und Handlungskraft verkommen. Am Ende braucht er sich über sein Dasein als gläserner Untertan nicht zu wundern. Seine Privatsphäre ist längst dahin. Er hinterläßt immer nur die gleichen Spuren. Er muß gar nicht mehr beobachtet und durchleuchtet werden, da ohnehin jeder weiß, was er denkt und tut.

12. Verteidigung des Privaten

Jeder Zeitgenosse hat etwas zu verbergen. Wo er sich gerade aufhält und mit wem er spricht, welche Leidenschaften ihn treiben und welche Krankheiten ihn niederwerfen, mit wem er befreundet ist, mit wem er arbeitet und welchen Hobbys er frönt - nichts davon ist für fremde Augen und Ohren bestimmt. Keine Behörde und keine Firma ist befugt, die Tatsachen des privaten Lebens zu erfassen oder gar zu steuern. Wieviel Freiheit der einzelne in einer Gesellschaft genießt, bemißt sich daran, ob er sein Leben auf die ihm eigene Weise zu führen vermag, ohne daß sich unerbetene Dritte einmischen. Privatheit ist das Fundament der Freiheit, und diese Freiheit schützt vor jedweder Macht. Daher ist der Kampf um die Privatheit ein Kampf um die Freiheit.

Reaktionen

Seit vielen Jahren ist die Zerstörung der Privaten in vollem Gange. Stets geht sie einher mit der Erosion der persönlichen Freiheit. Von vielen Zeitgenossen wird dies kaum zur Kenntnis genommen. Die Aufregung über Datendiebstahl, heimliche Telefonüberwachung, extensive Polizeifahndung oder umfassende Sicherheitskontrollen währt immer nur kurz. Sie bedeutet kaum mehr als ein kurzes Aufschrecken aus dem Tiefschlaf kollektiver Bequemlichkeit. Den allermeisten Untertanen ist es längt selbstverständlich, registriert, ausgespäht, bevormundet und immerfort beschwichtigt zu werden. Unbedingt möchten sie an die Versprechen der Obrigkeit glauben. Unter dem Vorwand, für allgemeine Bildung, Volksgesundheit, Sicherheit und Gerechtigkeit zu sorgen, forscht sie die Untertanen aus, dokumentiert Auffälligkeiten und überzieht ihr Leben mit Verboten und Vorschriften. Leichtfertig glaubt der Bürger an Warnungen, mit denen der Sicherheitsapparat die Alltagsspionage zu begründen pflegt. Die Entwicklung zum Präventionsstaat ist unaufhaltsam. Dazu trägt die Torheit und Furchtsamkeit der Bürger bei. Die Geborgenheit des eingehegten Menschenparks gehört offenbar zu ihren größten Sehnsüchten.

Etwas empfindlicher reagiert die Bevölkerung bei einem Überwachungsskandal in einer Firma oder bei der kommerziellen Verwertung von Kundendaten. Das Ansehen der Wirtschaft ist ohnehin beschädigt. Markt und Management gelten weithin als Arena privater Habgier. Obwohl die ökonomische Informationsmacht nahezu unbemerkt anwächst, beschleicht viele das Gefühl, daß die Anbieter weit mehr über ihre Kunden wissen als jene von der Qualität der angepriesenen Produkte. Wie der Staat seine Kontrollmacht erweitert, so sind auch die Unternehmen darauf erpicht, geheime Wünsche zu ermitteln und in lukrative Bahnen zu lenken. Wie der Staat die Illusion der Sicherheit schürt, so träumt das Privatunternehmen von der Zähmung des Marktes. Den Zufällen und Launen der Nachfrage will es um jeden Preis zuvorkommen. Weder der Staat noch der Markt garantieren mithin die Freiheit des privaten Lebens.

Rufe der Empörung werden laut, wenn Fälle von Kindesmord, Vergewaltigung oder chronischem Inzest publik werden. Die Anwohner geben zunächst vor, nichts, aber auch gar nichts gewußt zu haben. Dann, nach reiflicher Bedenkzeit, räumen sie ein, etwas geahnt zu haben. Und schließlich, nachdem weitere Frist verstrichen ist, verkünden sie auf einmal, es eigentlich immer schon gewußt zu haben. Das Dunkelfeld von Gleichgültigkeit, Stumpfsinn, Scham und Verleugnung erstreckt sich über diverse Intimzonen. Sexueller Mißbrauch der Kinder wird von den Ehefrauen häufig vertuscht. Eltern traktieren ihre Kinder mit brutalen Schlägen oder lassen sie aus purer Gedankenlosigkeit in einer Kammer verhungern. Eine unerwünschte Schwangerschaft kann von den Angehörigen, Kollegen, ja sogar von der werdenden Mutter ignoriert werden. Auch im Privatleben wollen Menschen häufig nicht wahrhaben, was der Fall ist. Doch rechtfertigt dies den Appell nach staatlicher Generalfürsorge, nach der Dauerkontrolle durch Beamte, Nachbarn und Denunzianten? Manche Problemfamilie war längst aktenkundig und wurde regelmäßig observiert, bevor es zu der Untat kam. Niemand konnte damit rechnen. Es ist eine Banalität, daß der Schutz des Privaten keinen Frevel rechtfertigt. Die falsche Scham der Vertuschung ist Beihilfe zu einem Verbrechen. Aber es ist nicht die Freiheit, welche den Unhold erschafft. Verbrechen gedeihen im privaten wie im öffentlichen Bereich. Freiheit, die nicht mißbraucht werden kann, ist keine. Man kann sie nicht schützen, indem man sie kurzerhand beseitigt.

Barrieren

Die praktische Verteidigung des Privaten stößt mithin auf mehrere Barrieren. Da ist der Wunsch nach Versorgung, Sicherheit und Vertrauen, der eine staatsgläubige Gesellschaft durchzieht und ihre kulturellen Gewohnheiten zutiefst prägt. Bei jeder realen oder fiktiven Gefahr, jeder Unsitte oder Mißhelligkeit ertönt prompt der Ruf nach Eingriffen und Verboten. Mißmut und Verdrossenheit gegenüber der Politik rühren nicht zuletzt daher, daß der Staat diese Illusion familiärer Geborgenheit enttäuschen muß. Nie und nimmer können Behörden soziale Ansprüche nach umfassender Sekurität erfüllen. Das Programm der Prävention ist uferlos. Daß Politiker ihr Wahlvolk das rechte Fürchten lehren wollen, ist nur ein durchsichtiges Manöver, um die Exekutivmacht zu erweitern und dafür zusätzliche Stimmen zu ernten.

Da ist ferner der ökonomische Wettbewerb, der zur Ausforschung privater Lebensformen veranlaßt. In der Konkurrenz um die Nachfrage suchen Anbieter ihre Kunden zu binden und ihre individuellen Neigungen zu ermitteln. Der freie Markt, auf dem die Menschen ungehindert Angebote vergleichen, ohne Ansehen der Adresse ihre Wahl treffen, um sodann ihrer Wege zu gehen, widerspricht dem Ideal einer Wirtschaft, welche ihre Umwelt stabil halten und die Zukunft berechnen will. So propagiert man Bindung und Verläßlichkeit und schafft Vertrauen, indem man anstandslos in die Vertraulichkeiten des Privaten eindringt und für jeden Konsumenten ein persönliches Profil anfertigt. Für die Institutionen der politischen und ökonomischen Macht sind Privatheit, Freiheit und Eigensinn ärgerliche Überbleibsel aus einer Zeit, da noch soziale Räume jenseits von Staat und Markt existierten.

Ideologie

Schließlich hat die Verteidigung des Privaten auch mit ideologischen Blockaden zu rechnen. Einige Intellektuelle halten Privatheit für antiquiert, philiströs, ja reaktionär. In einem Land, das seine Freiheit den Niederlagen des Totalitarismus verdankt, war der Sinn für die Freiheit nie sonderlich ausgeprägt. Allzu häufig wird sie mit Partizipation oder Demokratie verwechselt. Aber die Herrschaft wechselnder Eliten mit Rückhalt der Mehrheit garantiert nicht die Freiheit der Person. Ein Leben in eigener Regie gilt manchen geradezu als Verrat an der ersehnten Gemeinschaft, als Aufkündigung der Staatsloyalität, als verantwortungslose Pflichtverletzung. Entweder bestreitet man schlichtweg die Tatsachen politischer Herrschaft und träumt von allgemeiner Teilhabe an den Entscheidungen und Geschäften der Machtelite. Oder man beklagt den allgemeinen Machtschwund des Nationalstaates im Prozeß der wirtschaftlichen Globalisierung. Aber Souveränitätsverluste gegenüber dynamischen Märkten schließen Machtgewinne gegenüber den Untertanen überhaupt nicht aus. Reflexartig bemüht man daher die alte Legitimation des Staates, wonach sofort der Bürgerkrieg ausbräche, hielte nicht die Zentralmacht die Wölfe im Zaum. In Wahrheit beruht die Verteidigung der Freiheit keineswegs auf optimistischen Illusionen über die Natur des Gattungswesens. Weil Menschen einander jederzeit gefährlich werden können, weil Habsucht, Herrschsucht und Ehrsucht zu ihrer Konstitution zählen, ist die private Freiheit unverzichtbar. Sie schützt den einzelnen vor Zwang und Gängelei, vor Raub und Unterjochung, vor dem Übergriff des anderen.

Öffentlichkeit, Protest

Die ideologische Reserve rührt auch daher, daß sich Intellektuelle in einer Arena bewegen, die dem Privaten entgegensteht. Öffentlichkeit ist das Forum für Angelegenheiten von allgemeinem Belang. Im Gefüge politischer Macht ist Öffentlichkeit kein Teil der Staatsgewalt, sondern deren Widerpart. Ihre vornehmste Aufgabe ist nicht die Dokumentation des Zeitgeistes oder die Auslegung der offiziellen Staatsdoktrin, sondern die Kontrolle der Macht. Publizität soll geheime Pläne aufdecken, die Leerformeln der Verlautbarungen entlarven, die Entscheidungen von Regierungen, Behörden, Parlamenten, Gerichten, Firmen und Verbänden kritisieren. Im Idealfall kann Öffentlichkeit sogar den Nebel politischer Ideologien vertreiben. Der Streit der Gegensätze klärt die Sicht. Wortwechsel dienen nicht dazu, Meinungen auszutauschen, sondern die Zahl der Lügen und Irrtümer zu verringern. Keine Meinung, kein Prinzip, kein Glaube, nicht einmal ehrwürdige Grundprinzipien sind vor den Waffen der Kritik gefeit. Nicht Konsens, sondern Streit, nicht tolerante Beliebigkeit, sondern Wahrheit ist das erste Prinzip der freien Debatte. Nur in Kenntnis der Tatsachen können Menschen nämlich ermessen, was der Fall und was nur Fiktion ist, was sie tun können und was nicht.

Es ist ein Paradoxon, daß die Verteidigung des Privaten dringend der Öffentlichkeit bedarf. Nachdem die Parlamente als Gegenmacht zur Exekutive weitgehend ausgefallen sind, vermag nur die Gesellschaft die Expansion politischer und ökonomischer Macht wirksam einzudämmen. Gezielte Ermittlungen haben sämtliche Formen der verdeckten Überwachung bekannt zu machen und den Machtmißbrauch von Firmen und Behörden anzuprangern. Öffentlicher Widerspruch hebt an, sobald illegitime Maßnahmen der Sozialkontrolle geplant, beschlossen oder umgesetzt werden. Protest erhöht den Druck auf die Beschlußorgane und treibt die politischen Kosten in die Höhe. Indem die Privatleute sich zuhauf zur gemeinsamen Manifestation ihres Unwillens zusammenfinden, gewinnen sie ein Stück Gegenmacht. Verordnungen oder Gesetzespläne können unterbunden werden, wenn sie politisch nicht mehr durchsetzbar sind.

Seitdem Politik zum Beruf geworden ist, hat zudem die Einflußchance auf die Vertreter des Souveräns zugenommen. Der Entzug von Stimmen signalisiert nicht nur Unzufriedenheit, die Abwahl zwingt den Repräsentanten zur unfreiwilligen Rückkehr ins Privatleben. Dennoch sind die Aussichten des kollektiven Protestes nicht sonderlich günstig. Privatheit und Freiheit sind kein Programm, mit dem sich Wahlen entscheiden ließen. Solange der Protest sich nicht zur politischen Gegenkraft verdichtet, bleiben die Aktionen sporadisch und meist folgenlos.

Einen Ausweg verspricht die Anrufung der Gerichte. Die Verfassungsjustiz hat über die Einhaltung der Grundrechte zu wachen und unrechtmäßige Gesetze, Verordnungen und Maßnahmen zu verwerfen. Häufig ist sie für den einzelnen die letzte Chance, um sich eines illegalen Übergriffs zu erwehren. Aber obwohl das oberste Gericht dem Kontrollwahn zuletzt einige Absagen erteilt hat, ist das Recht kein verläßlicher Garant der Freiheit. Die Besetzung der höheren und mittleren Gerichtshöfe ist längst zu einer Frage des Parteienproporzes geworden. Die personelle und intellektuelle Nähe zur Exekutive bedroht die Unabhängigkeit der dritten Gewalt. Die Politik wiederum deutet kritische Urteile oft so lange um, bis sich das ursprüngliche Vorhaben mit geringfügigen Korrekturen in die Tat umsetzen läßt. Ohnehin ist die rapide Verrechtlichung der sozialen Verhältnisse der Freiheit keineswegs förderlich. Bürokratische Herrschaft duldet keine rechtsfreien Räume. Jede Regung, jeden Gedanken, jede Handlung sucht sie einer Norm zu unterwerfen. Sie fürchtet die Eigenwilligkeiten und Unsitten der Menschen und stellt ihnen höchstens frei, was ausdrücklich geboten ist.

Diskretion, Konspiration

So bleibt die Wahrung privater Geheimnisse. Wem daran gelegen ist, die Verteilung persönlicher Informationen in eigenen Händen zu halten, seine Pläne selbständig zu verfolgen und sich vor unerbetenen Zugriffen zu schützen, der muß dem Schutzwall des Privaten erhöhte Aufmerksamkeit widmen. Sorgsam ist zu unterscheiden, was für fremde Augen, Ohren und Hände bestimmt ist und was nicht. Wer glaubt, er habe nichts zu verbergen, hat bereits auf seine Freiheit verzichtet und weigert sich, sein Leben in eigener Regie zu führen. Er muß sich nicht wundern, wenn Torheit und Tölpelei seinen Ruf ruinieren und seine sozialen Chancen schmälern.

Der aufmerksame Bürger indes tut gut daran, sich neugieriger Mitwisser zu versichern und seine Spuren zu verwischen. An Ratschlägen für eine umsichtige digitale Kommunikation fehlt es nicht. Aber die private Konspiration betrifft keineswegs nur den technischen Datenschutz. Sie erstreckt sich auf das soziale Verhalten insgesamt, auf die bewußte Verteilung von Vertrauen und Mißtrauen, Reden und Schweigen, Präsentation und Maskerade. Eine offene Gesellschaft zeichnet sich nicht dadurch aus, daß jeder alles über jeden anderen in Erfahrung bringen kann. Soziale Offenheit bedeutet, daß der einzelne auswählen kann, wem er sich anvertraut und wem nicht. Auf Dauer ist Gesellschaft überhaupt nur erträglich, wenn Diskretion, Geheimnis und Unkenntnis die Menschen voreinander schützen. Würde jeder alles kundtun, was ihn gerade bewegt, er behelligte die anderen immerzu mit seinem Innenleben und stünde alsbald mit leeren Händen da. Das Geheimnis indes verleiht der Person ihre Ausnahmestellung und wahrt ihre Individualität. Es trägt und steigert die soziale Differenz, welche persönliche Einmaligkeit gestattet und fordert. Dieses Refugium ist manchmal nur zu bewahren, indem der einzelne so erscheint wie alle anderen. Unauffälligkeit und Durchschnittlichkeit sind die beste soziale Tarnung. Diskretion bewahrt vor seelischen, geistigen und leiblichen Zudringlichkeiten. Und gezielte Desinformation führt notfalls allzu wißbegierige Angreifer in die Irre.

Zur privaten Konspiration muß sich der einzelne keineswegs in einen Agenten seiner selbst verwandeln. Zwar läßt sich aus den einschlägigen Lehrbüchern unschwer entnehmen, wie man falsche Fährten legt, geheime Botschaften übermittelt, unbemerkt Identitäten wechselt oder verräterische Spuren beseitigt. Im Normalfall indes genügt – vorerst noch – eine Kompetenz, über die jede Person ohnehin verfügt: die Fähigkeit zum Rollenspiel. Bis zur Unkenntlichkeit kann sich der Mensch darstellen und verstellen. Flugs kann er zwischen öffentlichen und intimen Rollen wechseln und als Doppelgänger seiner selbst die Bühne betreten. Die Rolle gestattet ihm, ein anderer zu sein als er ist. Im sozialen Spiel kann er sich von seiner öffentlichen Präsentation absetzen. Die Rolle sichert ein unberührbares Reservat, eine Zone der Privatheit, der persönlichen Freiheit. Sie schirmt die Person gegen ihre öffentliche Existenz ab. Je kunstfertiger ein Mensch das Spiel beherrscht, desto weniger wird von ihm publik. Die Masken der Gesellschaft zeigen niemandem, was alles das Individuum verborgen hat.

Adnoten

Kap.2

Ein Teleschirm ist nicht mit einem Fernsehgerät zu verwechseln. In G.Orwells *1984* (Berlin 1984*)* diente ein Teleschirm bekanntlich als Sende- und Empfangsgerät. Er war Mikrophon, Kamera, Wecker, Radio, Filmleinwand und Fernsehgerät in einem. Das bedeutete bereits einen technischen Fortschritt gegenüber den Lautsprechern und rosigen, schwingenden Membranen, die zuvor in allen Straßen die Gespräche der Passanten registriert und an das Beschützeramt übertragen hatten. Vgl. J.Samjatin: *Wir* (Zürich 1977). In Samjatins gläserner Stadt hatten diese Ohren dieselbe Funktion wie heute die Videokameras an Plätzen und Kreuzungen. Will man literarische Parallelen bemühen, dann gleicht jedoch die heutige Situation weniger den Szenarien Benthams, Orwells, Huxleys oder Samjatins als vielmehr der Welt von F.Kafkas: *Der Prozeß*. – Die offensive Selbstinszenierung mancher Zeitgenossen hat einige Medienbeobachter dazu verführt, der Überwachung eine konstitutive Bedeutung für die Entwicklung persönlicher Identität zuzusprechen. Daß eine Handvoll Jugendlicher sich einen Spaß daraus macht, vor einer Überwachungskamera zu randalieren, ist jedoch nichts anderes als altbekannte Provokationslust. Daß viele Laiendarsteller vor der Fernsehkamera nicht einmal merken, wie lächerlich sie sich machen, spricht eher für die vollständige Abwesenheit von Scham und Urteilskraft als für Identitätsprobleme. Katz- und Mausspiele, öffentliche Fehltritte, Ehrgeiz, Geltungsdrang, provokative Mutproben oder grausame Machtdemonstrationen sind keine neue Erfindung. Auch die Angst übersehen zu werden, ist nicht neueren Datums. Zweifellos begünstigen mediale Bühnen die Mißachtung sozialer Distanz. Aber Gesellschaft ist nicht auf Medien- oder Informationsgesellschaft zu reduzieren. Daten, Wissen und Kommunikation sind nur ein Aspekt des Sozialen. Wer dies ins Zentrum der Zeitdiagnose rückt, ignoriert nicht nur die härteren, physischen Aspekte der Gesellschaft. Er übersieht zudem die anderen Dimensionen des Privaten und verkennt die Strukturen, welche die Ausdehnung der Observation zu einer realen politischen Gefahr machen.

Kap.3

Von anderen Machtformen unterscheidet sich Herrschaft durch die Willfährigkeit der Unterlegenen. Die Fixierung auf Legitimitätsprobleme hat dazu verleitet, die Vielfalt und Banalität anderer Gehorsamsmotive zu übersehen. Ein Herrscher findet auf Dauer nicht nur Fügsamkeit, weil die Beherrschten ihre Unterlegenheit für gerechtfertigt halten. Manchmal ist es pure Angst oder dumpfe Gewohnheit, die Menschen dauerhaft in Knechtschaft hält. Auch muß sich Herrschaft keineswegs bereits in Institutionen kristallisiert haben. Findet ein religiöser, militärischer oder politischer Anführer eine treue Gefolgschaft, so handelt es sich bereits um eine Form der Herrschaft. Seine Weisungen und Befehle werden prompt ausgeführt. – Offene Observationen der Geheimpolizei sind ein bewährtes Mittel des gewaltlosen Terrors. Die „Staatssicherheit" der DDR beispielsweise beschränkte sich keineswegs auf die demonstrative Anwesenheit ihrer Ermittler. Die Beobachter benutzten auch Kameras, um jede Bewegung ihrer Opfer öffentlich festzuhalten. So kam es vor, daß das beobachtete Subjekt, die „Zielperson", direkt in die Kamera schaute, wohlwissend, daß sie gerade beobachtet und fotografiert wurde. Wer daraufhin zu verstehen gab, daß er den Fotografen bemerkt hatte, verstärkte nur den Verdacht. Und wer versuchte, dem Kamerablick zu entgehen, der überführte sich selbst. – Die Stabilität von Diktaturen beruht nicht zuletzt auf wirtschaftlichen Vorteilen. Häufig profitiert die Mehrheit der Bevölkerung von der Enteignung verfolgter Minderheiten, von Raubzügen in und außerhalb der Landesgrenzen oder von der großzügigen Verteilung öffentlicher Güter, solange dies nicht zu neuen Abgabenlasten führt. Schon Machiavelli empfahl dem Herrscher eine dosierte Freigebigkeit gegenüber der Mehrheit, der er nichts nehmen darf, und Sparsamkeit gegenüber den wenigen, denen er nichts geben kann: *Der Fürst,* 16.Kap. (Leipzig 1980). – Zu den schockartigen Überreaktionen demokratischer Gesellschaften auf externe Bedrohungen und interne Subversion vgl. bereits E. Shils klassische, direkt nach der McCarthy-Ära verfaßte Studie: *The Torment of Secrecy. The Background and Consequences of American Security Policies* (Glencoe, Ill. 1956). – Ist der Sinn für das Private wenig ausgeprägt und hat die energische Intervention eine politische Tradition, dann neigen Behörden offenbar zu konspirativen Sicherheitsmaßnahmen, anstatt die Öffentlichkeit über ihr Wissen, aber auch ihr Nichtwissen zu unterrichten. Zur Kulturgeschichte der Überwachung vom Auge Gottes bis zum Satellitenobjektiv vgl. den materialreichen Katalog von Th.Y.Levin et al. (Hg.): *CTRL [Space]. Rhetorics of Surveillance from Bentham to Big Brother* (Karlsruhe 2002).

Kap.4

Zur Geschichte des Privaten ist unübertroffen: Ph.Ariés/ G. Duby (Hg.): *Geschichte des privaten Lebens.* 5 Bände (Frankfurt 1992). Nicht zuletzt bestätigt diese Gesamtdarstellung die Einsicht, daß sich historischer Wandel nur sinnfällig feststellen läßt, wenn man die Existenz sozialer und anthropologischer Universalien voraussetzt. Zahllose empirische Hinweise auf die kulturelle Universalität von Privatsphären gibt H.P.Duerrs großes Werk: *Der Mythos vom Zivilisationsprozeß,* 5 Bde. (Frankfurt 1988-2002*). – Der ideelle Ursprung der okzidentalen Disziplin liegt natürlich nicht in J.Benthams Modell des Panopticon, sondern in der militärischen Tradition Roms und im Gesetzbuch des Abtes von Monte Cassino, Benedikt von Nursia. Vgl. H.U.v.Balthasar: *Die großen Ordensregeln* (Einsiedeln 1961), S.175-259. Spätere Ausprägungen organisatorischer Disziplin behandeln u.a. K.Marx: *Das Kapital,* Bd.1, Kap.13,4, Marx/Engels Werke 23 (Berlin 1962); M.Foucault: *Überwachen und Strafen. Die Geburt des Gefängnisses* (Frankfurt 1976) oder auch E.Goffman: *Asyle. Über die soziale Situation psychiatrischer Patienten und anderer Insassen* (Frankfurt 1972).

Kap.5

Zum Begriff der negativen Freiheit vgl. I.Berlin: *Freiheit. Vier Versuche* (Frankfurt 1995). Für jede Debatte um Staatsfunktionen, Privatheit und Freiheit ist unverzichtbar die klassische, im Frühjahr 1792 verfaßte Schrift von W.v.Humboldt: *Ideen zu einem Versuch, die Grenzen der Wirksamkeit des Staats zu bestimmen* (Stuttgart 1967). Hier sind bereits alle Einwände gegen den inneren Imperialismus moderner Staatsmacht formuliert. – Normativ sehr hoch setzt die Bewertung der Privatheit von B.Rössler an: *Der Wert des Privaten* (Frankfurt 2001). Autonomie, Authentizität, Selbstbestimmung oder Selbstreflexion sind jedoch Postulate, welche die bescheidenen Gewinne der negativen Freiheit wieder verschenken. Auch Privatheit ist zuerst „Freiheit von" und nicht „Freiheit zu etwas". Rösslers lehrreiche Argumentation geht offenbar von der Intuition aus, private Freiheiten bedürften angesichts sozialstaatlicher oder kommunitaristischer Ansprüche einer gesonderten normativen Begründung, und diese sei nur gültig, wenn sie sich auf höhere Zwecke zurückführen lasse. Wenn jedoch Freiheit lediglich als

Mittel zum Zweck verstanden wird und nicht als Selbstzweck, dann erlangt sie nur Berechtigung, wenn sie zu etwas vermeintlich Höheren dient. Als habe zuletzt nur derjenige ein Stück Freiheit verdient, der sich explizit die Frage stellt, wer er sein und wie er leben will. Dagegen sei festgehalten: Primär für die private Freiheit ist die Abwesenheit von Zwang und äußerer Einmischung. Ob ein Subjekt die Optionen nutzt, die sich in zwanglosen Situationen ohnehin von selbst ergeben, ob es Fähigkeiten ausbildet oder über seine Möglichkeiten überhaupt nachdenken will, ist für den Wert des Privaten zweitrangig. Entscheidend ist, daß ihm niemand vorschreibt, was er zu tun, zu lassen und zu denken hat. – Anonymität wirkt sich auch auf die Formen der Ehrbezeugung aus. Während die höfische Etikette ausführliche Komplimente für einzelne Individuen verlangte, bildete sich in der Stadt ein Repertoire formelhafter Floskeln heraus, die für jedermann paßten. Namenlosigkeit unter Fremden bedeutet also keinesfalls herzlose Entfremdung, sondern Standardisierung der Höflichkeit für viele Gelegenheiten. Vgl. R.Sennett: *Verfall und Ende des öffentlichen Lebens. Die Tyrannei der Intimität* (Frankfurt 1983). Zur Etikette am Hof von Versailles vgl. auch N.Elias: *Die höfische Gesellschaft* (Darmstadt/Neuwied 1969).

Kap.6

Die Urszene der Berührungsfurcht ist der anthropologische Ausgangspunkt von E.Canettis: *Masse und Macht* (Hamburg 1960). Zu den Territorien des Selbst und deren Verletzung siehe insbesondere E.Goffman: *Das Individuum im öffentlichen Austausch. Mikrostudien zur öffentlichen Ordnung* (Frankfurt 1974). – Zur Phänomenologie des Ekels vgl. A.Kolnai: *Der Ekel,* in: Jahrbuch für Philosophie und philosophische Forschung 10/1929. – Zur rechten Bewertung der Höflichkeit und zum zivilisatorischen Wert des Scheins vgl. I.Kant: *Anthropologie in pragmatischer Hinsicht* §14 (Stuttgart 1983); La Bruyère: *Die Charaktere oder die Sitten des Jahrhunderts,* vor allem das Kapitel: Von Gesellschaft und Unterhaltung (Leipzig 1955); A. Schopenhauer: *Aphorismen zur Lebensweisheit,* Kap.V,36 (Frankfurt 1976). H. Bergson: *La politesse,* in: Ecrits et paroles Bd.I (Paris 1957). Alain: *Die Pflicht, glücklich zu sein* (Frankfurt 2005).

Kap.7

Eine umfangreiche Kultur- und Kunstgeschichte des Schamgefühls bietet neben H.P.Duerr auch J.C.Bologne: *Nacktheit und Prüderie. Eine Geschichte des Schamgefühls* (Weimar 2001). Zur Theorie der Scham vgl. H.Landweer: *Scham und Macht. Phänomenologische Untersuchungen zur Sozialität eines Gefühls* (Tübingen 1999). Beim affektiven Selbstverhältnis der Scham verhält es sich ebenso wie beim somatischen oder kognitiven Selbstverhältnis. Alle diese Formen des Sichzusichverhaltens können in ein soziales Verhalten erweitert werden, aber ihre Struktur ist selbst nicht sozial oder kommunikativ. Wer mit sich selbst spricht, teilt sich nichts mit und verständigt sich auch nicht mit sich selbst, so wie dies zwei Personen tun. Wer Schmerzen fühlt, nimmt nicht die Position eines anderen ein, um dann festzustellen, daß seine Zähne oder sein Magen schmerzt. Wer vor Scham errötet, der blickt sich nicht mit fremden Augen an, sondern mit den eigenen. Und nur weil er dies tut, kann er sich auch aus der Perspektive eines anderen wahrnehmen. – In einer Kultur der penetranten Öffentlichkeit scheint das Bewußtsein davon zu schwinden, daß das Geheimnis eine fundamentale Form des Sozialen ist. Vgl. G.Simmel: *Soziologie. Untersuchungen über die Formen der Vergesellschaftung* Kap.V (Frankfurt 1992). – Jenseits der psychiatrischen und soziologischen Fachliteratur zum Suizid sind besonders lesenswert J.Améry: *Hand an sich legen. Diskurs über den Freitod* (Stuttgart 1976) sowie die viel zu wenig beachtete Studie von M.Pinguet: *Der Freitod in Japan. Geschichte der japanischen Kultur* (Frankfurt 1996).

Kap.8

Zur Geschichte der Hygiene, des Wohnens und der Reinigung der Städte kann man konsultieren: U.Dirlmeier et al. (Hg.): *Geschichte des Wohnens*, 5 Bde. (Stuttgart 1996-1999); M.Frey: *Der reinliche Bürger. Entstehung und Verbreitung bürgerlicher Tugenden in Deutschland 1760-1860* (Göttingen 1997); P. Payer: *Der Gestank von Wien. Über Kanalgase, Totendünste und andere üble Geruchskulissen* (Wien 1997); A.Corbin: *Pesthauch und Blütenduft. Eine Geschichte des Geruchs* (Berlin 1984). Über Verhältnisse in den frühen Quartieren des Industrieproletariats berichtete 1845 auch F.Engels: *Die Lage der arbeitenden Klasse in England,* Marx/ Engels Werke 2 (Berlin 1957). – Die fraglose Vertrautheit privater Alltagsobjekte charakterisiert M.Heidegger mit dem Begriff der „Zuhandenheit". Sie sind unauffällig, unaufdringlich, unaufsässig, und deshalb kann sich der Körper mühelos zwischen ihnen bewegen: *Sein und Zeit,* §§15,16 (Tübingen 1972). – Zu den räumlichen Übergängen vgl. bereits A.v.Gennep: *Übergangsriten* (Frankfurt 1986).

Kap.9

Zur Eigentumskritik seit Aristophanes vgl. A.Künzli: *Mein und Dein. Zur Ideengeschichte der Eigentumsfeindschaft* (Köln 1986). Die Fabel findet sich bekanntlich zu Beginn von J.J. Rousseaus zweitem *Diskurs über den Ursprung und die Grund-*

lagen der Ungleichheit unter den Menschen (Stuttgart 1998). Welche Eigentumsverteilung für gerecht gehalten wird, ist eine politische Grundsatzfrage, deren Entscheidung nicht zuletzt davon abhängt, mit welchem Begriff der Gerechtigkeit und Gleichheit argumentiert wird. Soll jeder das Gleiche besitzen wie jeder andere oder jeweils so viel, wie er bedarf, wie er verdient oder wie er selbst für gerechtfertigt hält? Auf die ruinösen gesellschaftlichen Folgen formeller Gleichverteilung hat bereits D.Hume in der *„ Untersuchung über die Prinzipien der Moral"* III,2 (Stuttgart 1984) von 1748 hingewiesen. - Einen interessanten und zugleich eleganten Ausweg aus dem Diskurs um Gleichheit, Bedürftigkeit, Wohlergehen oder gesellschaftliche Nützlichkeit bietet eine Theorie, welche die Besitzansprüche historisch begründet. Ein legitimes Anrecht haben Menschen danach auf jene Besitztümer, die sie auf rechtmäßige Weise durch Tausch, Kauf, Arbeit oder Schenkung erworben haben. In diese Besitzverhältnisse hat kein Staat durch Besteuerung oder Umverteilung einzugreifen, es sei denn, seine Maßnahmen sorgen für diejenigen Bedingungen, die für freie Transaktionen unverzichtbar sind. Jede Umverteilung von rechtmäßig erworbenem Eigentum ist nicht nur ein unzulässiger Eingriff in die Freiheit des einzelnen, sondern auch eine grobe Ungerechtigkeit. Vgl. hierzu R.Nozick: *Anarchy, State, and Utopia* (New York 1974). Zur Geschichte des modernen Steuerstaates vgl. die bündige Darstellung in W.Reinhard: *Geschichte der Staatsgewalt. Eine vergleichende Verfassungsgeschichte Europas von den Anfängen bis zur Gegenwart* (München 1999).

Kap.10

Das Problem der sozialen Information beginnt weit vor der Technisierung der Datensammlung, der Einrichtung von Datenbanken und der Expansion von Big Data in Wirtschaft und

Staatsverwaltung. In jedem sozialen Kontakt geht es um den Schutz des Privaten und die Verteilung von personalem Wissen. Die Methoden der Selbstdarstellung und persönlichen Informationspolitik untersucht E.Goffman: *Wir alle spielen Theater. Die Selbstdarstellung im Alltag* (München 1969); *Interaktionsrituale. Über Verhalten in direkter Kommunikation* (Frankfurt 1971); *Stigma. Über Techniken der Bewältigung beschädigter Identität* (Frankfurt 1975). – Wie man andere zu einer falschen Vorstellung von dem bringt, was gerade vor sich geht und mit wem sie es zu tun haben, zeigt Goffmans Analyse der Täuschung: *Rahmen-Analyse. Ein Versuch über die Organisation von Alltagserfahrungen* Kap.4-6 (Frankfurt 1974). – Zur Struktur und Methoden des Klatsches siehe N. Elias/ J.L.Scotson: *Etablierte und Außenseiter* (Frankfurt 1990) sowie J.R.Bergmann: *Klatsch. Zur Sozialform der diskreten Indiskretion* (Berlin 1987). – Zur Dynamik des Sicherheitsstaates zuletzt auch W.Sofsky: *Prinzip Sicherheit* (Leipzig 2016).

Kap.11

Zu einer Typologie innerer Unfreiheit vgl. P.Bieri: *Das Handwerk der Freiheit. Über die Entdeckung des eigenen Willens* (Frankfurt 2003). – Die Klage über die Reizüberflutung gehört zu den populärsten Topoi konservativer Kulturkritik. Auch wenn damit nicht der Kern moderner Zivilisationserfahrung erfaßt ist, ändert dies nichts daran, daß Menschen diesem Widerfahrnis gelegentlich ausgesetzt sind. Die Literaturgeschichte der Stadt kennt unzählige Beschreibungen des Wahrnehmungsschocks, der den Besucher in der großen Stadt ereilt. – Zur Gedankenfreiheit wegweisend das zweite Kapitel in J.S.Mills: *Über die Freiheit* (Stuttgart 1974). – Die Irritation über die „Wiederkehr der Religion", die manche aufgeklärten Zeitgenossen ereilt hat, rührt nicht zuletzt daher, daß die ehrwürdige Kritik der Religion offenbar in Vergessenheit geraten ist. Nur wenige scheinen bereit, sich dem Phänomen religiöser Erfahrung auch nur zu nähern. Wer den Ernst des Glaubens jedoch nicht wahrnimmt, ist für die Auseinandersetzungen dieser Tage schlecht gerüstet. Zur Erfahrung des Heiligen informieren die klassischen Texte von W. James: *The Varieties of Religious Experience (1902)* (New York 1970); R.Otto: *Das Heilige. Über das Irrationale in der Idee des Göttlichen und sein Verhältnis zum Rationalen (1917)* (München 1979); F.Schleiermacher: *Über die Religion. Reden an die Gebildeten unter ihren Verächtern (1799)* (Stuttgart 1969).

Wolfgang Sofsky

bei CreateSpace Independent Publishing Platform: London/ Leipzig/Wroclaw.

Erhältlich weltweit bei Amazon

Privatheit
br., 152 Seiten, 9,80 €

Koalitionen
br., 140 Seiten, 8,60 €

Denkbilder
br., 160 Seiten, 43 SW-Abb., 12,80 €

Lautlos. Kurze Geschichten
br., 106 Seiten, 7,60 €

Prinzip Sicherheit
br., 162 Seiten., 8,90 €

Todesarten. Bilder der Gewalt
br., 280 Seiten., 30 SW-Abb., 16,80 €